Le roi Lear

ŒUVRES PRINCIPALES

DANS LA COLLECTION LIBRIO

Othello
Macbeth
Roméo et Juliette
Hamlet

CHEZ D'AUTRES ÉDITEURS

La nuit des rois
Richard II
Richard III
La tempête
Le marchand de Venise
Beaucoup de bruit pour rien
Comme il vous plaira
Les deux gentilshommes de Vérone
La mégère apprivoisée
Peines d'amours perdues
Titus Andronicus
Jules César
Antoine et Cléopâtre
Coriolan
Le songe d'une nuit d'été
Les joyeuses commères de Windsor
La nuit des rois
Henri IV
Henri V
Henri VI
Le roi Henri VIII
Cymbeline

William Shakespeare

Le roi Lear

Traduit de l'anglais
par François-Victor Hugo

Librio

Texte intégral

PERSONNAGES

LEAR, roi de la Grande-Bretagne.
LE ROI DE FRANCE.
LE DUC DE BOURGOGNE.
LE DUC DE CORNOUAILLES.
LE DUC D'ALBANY.
LE COMTE DE KENT.
LE COMTE DE GLOUCESTER.
EDGAR, fils de Gloucester.
EDMOND, bâtard de Gloucester.
LE FOU DU ROI LEAR.
OSWALD, intendant de Goneril.
CURAN, courtisan.
UN VIEILLARD, vassal de Gloucester.
UN MÉDECIN.
UN OFFICIER, au service d'Edmond.
UN GENTILHOMME, attaché à Cordélia.
UN HÉRAUT.

GONERIL,
RÉGANE,
CORDÉLIA,
} filles du roi Lear.

CHEVALIERS, OFFICIERS, MESSAGERS, SOLDATS, GENS DE LA SUITE.

La scène est dans la Grande-Bretagne.

ACTE PREMIER

SCÈNE PREMIÈRE

La grande salle du palais des rois de Grande-Bretagne.

Entrent KENT, GLOUCESTER et EDMOND.

KENT

Je croyais le roi plus favorable au duc d'Albany qu'au duc de Cornouailles.

GLOUCESTER

C'est ce qui nous avait toujours semblé; mais à présent, dans le partage du royaume, rien n'indique lequel des ducs il apprécie le plus, car les portions se balancent si également que le scrupule même ne saurait faire un choix entre l'une et l'autre.

KENT, *montrant Edmond*

N'est-ce pas là votre fils, milord?

GLOUCESTER

Son éducation, messire, a été à ma charge. J'ai si souvent rougi de le reconnaître que maintenant j'y suis bronzé.

KENT

Je ne puis concevoir...

GLOUCESTER

C'est ce que put, messire, la mère de ce jeune gaillard : si bien qu'elle vit son ventre s'arrondir, et que, ma foi! messire, elle eut un fils en son berceau avant d'avoir un mari dans son lit... Flairez-vous la faute?

KENT

Je ne puis regretter une faute dont le fruit est si beau.

GLOUCESTER

Mais j'ai aussi, messire, de l'aveu de la loi, un fils quelque peu plus âgé que celui-ci, qui pourtant ne m'est pas plus cher. Bien que ce chenapan soit venu au monde, un peu impudemment, avant d'être appelé, sa mère n'en était pas moins belle : il y eut grande liesse à le faire, et il faut bien reconnaître ce fils de putain... Edmond, connaissez-vous ce noble gentilhomme ?

EDMOND

Non, milord.

GLOUCESTER

Milord de Kent. Saluez-le désormais comme mon honorable ami.

EDMOND, *s'inclinant*

Mes services à Votre Seigneurie !

KENT

Je suis tenu de vous aimer, et je demande à vous connaître plus particulièrement.

EDMOND

Messire, je m'étudierai à mériter cette distinction.

GLOUCESTER

Il a été neuf ans hors du pays, et il va en partir de nouveau... Le roi vient. *(Fanfares.)*

Entrent Lear, Cornouailles, Albany, Goneril, Régane, Cordélia et les gens du roi.

LEAR

Gloucester, veuillez accompagner les seigneurs de France et de Bourgogne.

GLOUCESTER

J'obéis, mon suzerain. *(Sortent Gloucester et Edmond.)*

LEAR

Nous, cependant, nous allons révéler nos plus mystérieuses intentions... Qu'on me donne la carte ! *(On déploie une carte devant le roi.)* Sachez que nous avons divisé en trois parts notre royaume, et que c'est notre intention formelle de soustraire notre vieillesse aux soins et aux affaires pour en charger de plus jeunes forces, tandis que nous nous traînerons sans encombre vers la mort... Cornouailles, notre fils, et vous, Albany, notre fils également dévoué, nous avons à cette heure la ferme volonté de régler publiquement la dotation de nos filles, pour prévenir dès à présent tout débat futur. Quant aux princes de France et de Bourgogne, ces grands rivaux qui, pour obtenir l'amour de notre plus jeune fille, ont prolongé à notre cour leur séjour galant, ils obtiendront réponse ici même... Parlez, mes filles : en ce moment où nous voulons renoncer au pouvoir, aux revenus du territoire comme aux soins de l'État, faites-nous savoir qui de vous nous aime le plus, afin que notre libéralité s'exerce le plus largement là où le mérite l'aura le mieux provoquée... Goneril, notre aînée, parle la première.

GONERIL

Moi, sire, je vous aime plus que les mots n'en peuvent donner une idée, plus chèrement que la vue, l'espace et la liberté, de préférence à tout ce qui est précieux, riche ou rare, non moins que la vie avec la grâce, la santé, la beauté et l'honneur, du plus grand amour qu'enfant ait jamais ressenti ou père inspiré, d'un amour qui rend le souffle misérable et la voix impuissante; je vous aime au-delà de toute mesure.

CORDÉLIA, *à part*

Que pourra faire Cordélia? Aimer, et se taire.

LEAR, *le doigt sur la carte*

Tu vois, de cette ligne à celle-ci, tout ce domaine, couvert de forêts ombreuses et de riches campagnes, de rivières plantureuses et de vastes prairies : nous t'en faisons la dame. Que tes enfants et les enfants d'Albany le possèdent à perpétuité!... Que dit notre seconde fille, notre chère Régane, la femme de Cornouailles?... Parle.

RÉGANE

Je suis faite du même métal que ma sœur, et je m'estime à sa valeur. En toute sincérité je reconnais qu'elle exprime les sentiments mêmes de mon amour; seulement, elle ne va pas assez loin : car je me déclare l'ennemie de toutes les joies contenues dans la sphère la plus exquise de la sensation, et je ne trouve de félicité que dans l'amour de Votre Chère Altesse.

CORDÉLIA, *à part*

C'est le cas de dire : Pauvre Cordélia! Et pourtant non, car, j'en suis bien sûre, je suis plus riche d'amour que de paroles.

LEAR, *à Régane*

À toi et aux tiens, en apanage héréditaire, revient cet ample tiers de notre beau royaume, égal en étendue, en valeur et en agrément à la portion de Goneril. *(À Cordélia.)* À votre tour, ô notre joie, la dernière, mais non la moindre! Vous dont le vin de France et le lait de Bourgogne se disputent la jeune prédilection, parlez : que pouvez-vous dire pour obtenir une part plus opulente que celle de vos sœurs?

CORDÉLIA

Rien, monseigneur.

LEAR

Rien ?

CORDÉLIA

Rien.

LEAR

De rien rien ne peut venir : parlez encore.

CORDÉLIA

Malheureuse que je suis, je ne puis soulever mon cœur jusqu'à mes lèvres. J'aime Votre Majesté comme je le dois, ni plus ni moins.

LEAR

Allons, allons, Cordélia ! Réformez un peu votre réponse, de peur qu'elle ne nuise à votre fortune.

CORDÉLIA

Mon bon seigneur, vous m'avez mise au monde, vous m'avez élevée, vous m'avez aimée ; moi, je vous rends en retour les devoirs auxquels je suis tenue, je vous obéis, vous aime et vous vénère. Pourquoi mes sœurs ont-elles des maris, si, comme elles le disent, elles n'aiment que vous ? Peut-être, au jour de mes noces, l'époux dont la main recevra ma foi emportera-t-il avec lui une moitié de mon amour, de ma sollicitude et de mon dévouement ; assurément je ne me marierai pas comme mes sœurs, pour n'aimer que mon père.

LEAR

Mais parles-tu du fond du cœur ?

CORDÉLIA

Oui, mon bon seigneur.

LEAR

Si jeune, et si peu tendre !

CORDÉLIA

Si jeune, monseigneur, et si sincère !

LEAR

Soit!... Eh bien, que ta sincérité soit ta dot! Car, par le rayonnement sacré du soleil, par les mystères d'Hécate et de la nuit, par toutes les influences des astres qui nous font exister et cesser d'être, j'abjure à ton égard toute ma sollicitude paternelle, toutes les relations et tous les droits du sang : je te déclare étrangère à mon cœur et à moi dès ce moment, pour toujours. Le Scythe barbare, l'homme qui dévore ses enfants pour assouvir son appétit, trouvera dans mon cœur autant de charité, de pitié et de sympathie que toi, ma ci-devant fille!

KENT

Mon bon suzerain!...

LEAR

Silence, Kent! Ne vous mettez pas entre le dragon et sa fureur. C'est elle que j'aimais le plus, et je pensais confier mon repos à la tutelle de sa tendresse... Arrière! hors de ma vue!... Puisse la tombe me refuser sa paix, si je ne lui retire ici le cœur de son père!... Appelez le Français!... M'obéit-on?... Appelez le Bourguignon!... Cornouailles, Albany, grossissez de ce tiers la dot de mes deux filles. Que l'orgueil, qu'elle appelle franchise, suffise à la marier! Je vous investis en commun de mon pouvoir, de ma prééminence et des vastes attributs qui escortent La Majesté. Nous-même, avec cent chevaliers que nous nous réservons et qui seront entretenus à vos frais, nous ferons alternativement chez chacun de vous un séjour mensuel. Nous ne voulons garder que le nom et les titres d'un roi. L'autorité, le revenu, le gouvernement des affaires, je vous abandonne tout cela, fils bien-aimés. Pour gage, voici la couronne : partagez-vous-la! *(Il se démet de la couronne.)*

KENT

Royal Lear, que j'ai toujours honoré comme mon roi, comme mon père, suivi comme mon maître, et nommé dans mes prières comme mon patron sacré...

LEAR

L'arc est bandé et ajusté : évite la flèche.

KENT

Que plutôt elle tombe sur moi, dût son fer envahir la région de mon cœur! Que Kent soit discourtois quand Lear est insensé! Que prétends-tu, vieillard? Crois-tu donc que le devoir ait peur de parler, quand la puissance cède à la flatterie? L'honneur est obligé à la franchise, quand La Majesté succombe à la folie. Révoque ton arrêt, et, par une mûre réflexion, réprime cette hideuse vivacité. Que ma vie réponde de mon jugement! la plus jeune de tes filles n'est pas celle qui t'aime le moins : elle n'annonce pas un cœur vide, la voix grave qui ne retentit pas en un creux accent.

LEAR

Kent, sur ta vie, assez!

KENT

Ma vie, je ne l'ai jamais tenue que pour un enjeu à risquer contre tes ennemis, et je ne crains pas de la perdre, quand ton salut l'exige.

LEAR

Hors de ma vue!

KENT

Sois plus clairvoyant, Lear, et laisse-moi rester le point de mire constant de ton regard.

LEAR

Ah! par Apollon!...

KENT

Ah! par Apollon! roi, tu adjures tes dieux en vain.

LEAR, *mettant la main sur son épée*

Ô vassal! mécréant!...

ALBANY et CORNOUAILLES

Cher sire, arrêtez.

KENT

Va! tue ton médecin, et nourris de son salaire le mal qui te ronge!... Révoque ta donation, ou, tant que je pourrai arracher un cri de ma gorge, je te dirai que tu as mal fait.

LEAR

Écoute-moi, félon! Sur ton allégeance, écoute-moi! Puisque tu as tenté de nous faire rompre un vœu, ce que jamais nous n'osâmes; puisque, dans ton orgueil outrecuidant, tu as voulu t'interposer entre notre sentence et notre autorité, ce que notre caractère et notre rang ne sauraient tolérer, fais pour ta récompense l'épreuve de notre pouvoir. Nous t'accordons cinq jours pour réunir les ressources destinées à te prémunir contre les détresses de ce monde. Le sixième, tu tourneras ton dos maudit à notre royaume; et si, le dixième, ta carcasse bannie est découverte dans nos domaines, ce moment sera ta mort. Arrière!... Par Jupiter! cet arrêt ne sera pas révoqué.

KENT

Adieu ! roi ! Puisque c'est ainsi que tu veux apparaître, ailleurs est la liberté, et l'exil est ici ! *(À Cordélia.)* Que les dieux te prennent sous leur tendre tutelle, ô vierge, qui penses si juste et qui as si bien dit ! *(À Régane et à Goneril.)* Et puissent vos actes confirmer vos beaux discours, et de bons effets sortir de paroles si tendres ! *(Aux ducs d'Albany et de Cornouailles.)* Ainsi, ô princes, Kent vous fait ses adieux. Il va acclimater ses vieilles habitudes dans une région nouvelle. *(Il sort.)*

Rentre Gloucester, accompagné du roi de France, du duc de Bourgogne et de leur suite.

GLOUCESTER, *à Lear*

Voici les princes de France et de Bourgogne, mon noble seigneur.

LEAR

Messire de Bourgogne, nous nous adressons d'abord à vous qui, en rivalité avec ce roi, recherchez notre fille. Que doit-elle au moins vous apporter en dot, pour que vous donniez suite à votre requête amoureuse ?

LE DUC DE BOURGOGNE

Très Royale Majesté, je ne réclame rien de plus que ce qu'a offert Votre Altesse ; et vous n'accorderez pas moins.

LEAR

Très noble Bourguignon, tant qu'elle nous a été chère, nous l'avons estimée à ce prix ; mais maintenant sa valeur est tombée. La voilà devant vous, messire ; si quelque trait de sa mince et spécieuse personne, si son ensemble, auquel s'ajoute notre défaveur et rien de plus, suffit à charmer Votre Grâce, la voilà : elle est à vous.

LE DUC DE BOURGOGNE

Je ne sais que répondre.

LEAR

Telle qu'elle est, messire, avec les infirmités qu'elle possède, orpheline nouvellement adoptée par notre haine, dotée de notre malédiction et reniée par notre serment, voulez-vous la prendre, ou la laisser ?

LE DUC DE BOURGOGNE

Pardonnez-moi, royal sire : un choix ne se fixe pas dans de telles conditions.

LEAR

Laissez-la donc, seigneur : car, par la puissance qui m'a donné l'être ! je vous ai dit toute sa fortune. *(Au roi de France.)* Quant à vous, grand roi, je ne voudrais pas faire à notre amitié l'outrage de vous unir à ce que je hais : je vous conjure donc de reporter votre sympathie sur un plus digne objet qu'une misérable que la nature a presque honte de reconnaître.

LE ROI DE FRANCE

Chose étrange ! que celle qui tout à l'heure était votre plus chère affection, le thème de vos éloges, le baume de votre vieillesse, votre incomparable, votre préférée, ait en un clin d'œil commis une action assez monstrueuse pour détacher d'elle une faveur qui la couvrait de tant de replis ! Assurément, sa faute doit être bien contre nature et bien atroce, ou votre primitive affection pour elle était bien blâmable. Pour croire chose pareille, il faudrait une foi que la raison ne saurait m'inculquer sans un miracle.

CORDÉLIA, *à Lear*

J'implore une grâce de Votre Majesté. Si mon tort est de ne pas posséder le talent disert et onctueux de dire ce que je ne pense pas, et de n'avoir que la bonne volonté qui agit avant de parler, veuillez déclarer la vérité, sire : ce n'est pas un crime dégradant, ni quelque autre félonie, ce n'est pas une action impure ni une démarche déshonorante, qui m'a privée de votre faveur ; j'ai été disgraciée parce qu'il me manque (et c'est là ma richesse) un regard qui sollicite toujours, une langue que je suis bien aise de ne pas avoir bien qu'il m'en ait coûté la perte de votre affection.

LEAR

Mieux vaudrait pour toi n'être pas née que de m'avoir à ce point déplu.

LE ROI DE FRANCE

N'est-ce que cela ? La timidité d'une nature qui souvent ne trouve pas de mots pour raconter ce qu'elle entend faire ?... Monseigneur de Bourgogne, que dites-vous de madame ?... L'amour n'est pas l'amour, quand il s'y mêle des considérations étrangères à son objet suprême. Voulez-vous d'elle ? Elle est elle-même une dot.

LE DUC DE BOURGOGNE

Royal Lear, donnez seulement la dot que vous-même aviez offerte, et à l'instant je prends par la main Cordélia, duchesse de Bourgogne !

LEAR

Rien !... J'ai juré ; je suis inébranlable.

LE DUC DE BOURGOGNE, *à Cordélia*

Je suis fâché que, pour avoir ainsi perdu un père, vous deviez perdre un mari.

CORDÉLIA

La paix soit avec messire de Bourgogne! Puisque des considérations de fortune font tout son amour, je ne serai pas sa femme.

LE ROI DE FRANCE

Charmante Cordélia, toi que la misère rend plus riche, le délaissement plus auguste, l'outrage plus adorable, toi, et tes vertus, vous êtes à moi. Qu'il me soit permis de recueillir ce qu'on proscrit!... Dieux! dieux! N'est-ce pas étrange que leur froid dédain ait échauffé mon amour jusqu'à la passion ardente? *(À Lear.)* Roi, ta fille sans dot, jetée au hasard de mon choix, régnera sur nous, sur les nôtres et sur notre belle France. Et tous les ducs de l'humide Bourgogne ne rachèteraient pas de moi cette fille précieuse et dépréciée! Dis-leur adieu, Cordélia, si injustes qu'ils soient. Tu retrouveras mieux que tu n'as perdu.

LEAR

Elle est à toi, Français : prends-la; une pareille fille ne nous est rien, et jamais nous ne reverrons son visage. *(À Cordélia.)* Pars donc, sans nos bonnes grâces, sans notre amour, sans notre bénédiction... Venez, noble Bourguignon. *(Fanfares. Sortent Lear, les ducs de Bourgogne, de Cornouailles et d'Albany, Gloucester et leur suite.)*

LE ROI DE FRANCE, *à Cordélia*

Dites adieu à vos sœurs.

CORDÉLIA

Bijoux de notre père, c'est avec des larmes dans les yeux que Cordélia vous quitte. Je sais ce que vous êtes; et j'ai, comme sœur, une vive répugnance à appeler vos défauts par leurs noms. Aimez bien notre père : je le confie aux cœurs si bien vantés par vous. Mais, hélas! si j'étais encore dans ses grâces, je lui offrirais un trône en meilleur lieu. Sur ce, adieu à toutes les deux!

GONERIL

Ne nous prescris pas nos devoirs.

RÉGANE

Étudiez-vous à contenter votre mari, qui vous a jeté, en vous recueillant, l'aumône de la fortune. Vous avez marchandé l'obéissance; et vous avez mérité de perdre ce que vous avez perdu.

CORDÉLIA

Le temps dévoilera ce que l'astuce cache en ses replis. La honte finira par confondre ceux qui dissimulent leurs vices. Puissiez-vous prospérer!

LE ROI DE FRANCE

Viens, ma belle Cordélia! *(Il sort avec Cordélia.)*

GONERIL

Sœur, j'ai beaucoup à vous dire sur un sujet qui nous intéresse toutes deux très vivement. Je pense que notre père partira d'ici ce soir.

RÉGANE

Bien sûr, et avec vous; le mois prochain, ce sera notre tour.

GONERIL

Vous voyez combien sa vieillesse est sujette au caprice. L'épreuve que nous en avons faite n'est pas insignifiante : il avait toujours préféré notre sœur, et la déraison avec laquelle il vient de la chasser est trop grossièrement manifeste.

RÉGANE

C'est une infirmité de sa vieillesse; cependant il ne s'est jamais qu'imparfaitement possédé.

GONERIL

Dans la force et dans la plénitude de l'âge, il a toujours eu de ces emportements. Nous devons donc nous attendre à subir, dans sa vieillesse, outre les défauts enracinés de sa nature, tous les accès d'impatience qu'amène avec elle une sénilité infirme et colère.

RÉGANE

Nous aurons sans doute à supporter de lui maintes boutades imprévues, comme celle qui lui a fait bannir Kent.

GONERIL

La cérémonie des adieux doit se prolonger encore entre le Français et lui. Entendons-nous donc, je vous prie! Si, avec les dispositions qu'il a, notre père garde aucune autorité, la dernière concession qu'il nous a faite deviendra dérisoire.

RÉGANE

Nous aviserons.

GONERIL

Il nous faut faire quelque chose, et dans la chaleur de la crise. *(Elles sortent.)*

SCÈNE II

Dans le château du comte de Gloucester.

Entre EDMOND, *une lettre à la main.*

EDMOND

Nature, tu es ma déesse; c'est à ta loi que sont voués mes services. Pourquoi subirais-je le fléau de la coutume, et permettrais-je à la subtilité des nations de me déshériter, sous prétexte que je suis venu douze ou quatorze lunes plus tard que mon frère?... Bâtard! pourquoi? Ignoble! pourquoi? Est-ce que je n'ai pas la taille aussi bien prise, l'âme aussi généreuse, les traits aussi réguliers que la progéniture d'une honnête madame? Pourquoi nous jeter à la face l'ignominie et la bâtardise? Ignobles! Ignobles! Ignobles! Nous, qui, dans la furtive impétuosité de la nature, puisons plus de vigueur et de fougue que n'en exige, en un lit maussade, insipide et épuisé, la procréation de toute une tribu de damerets engendrés entre le sommeil et le réveil!... Ainsi donc, Edgar le légitime, il faut que j'aie votre patrimoine : l'amour de notre père appartient au bâtard Edmond, aussi bien qu'au fils légitime. Le beau mot : Légitime! Soit, mon légitime! Si cette lettre agit et si mon idée réussit, Edmond l'ignoble primera Edgar le légitime. Je grandis, je prospère. Allons, dieux, tenez pour les bâtards!

Entre Gloucester.

GLOUCESTER

Kent banni ainsi! le Français s'éloignant furieux! et le roi parti ce soir même, renonçant à son pouvoir, et réduit à une pension! Tout cela coup sur coup!... Edmond, eh bien! quelles nouvelles?

EDMOND, *feignant de cacher la lettre*

Aucune, n'en déplaise à Votre Seigneurie.

GLOUCESTER

Pourquoi êtes-vous si pressé de serrer cette lettre?

EDMOND

Je ne sais aucune nouvelle, monseigneur.

GLOUCESTER

Quel papier lisiez-vous là ?

EDMOND

Ce n'est rien, monseigneur.

GLOUCESTER

Vraiment ? Pourquoi donc alors cette terrible promptitude à l'empocher ? Ce qui n'est rien n'a pas besoin de se cacher ainsi. Faites voir. Allons ! si ce n'est rien, je n'aurai pas besoin de besicles.

EDMOND

Je vous supplie, monsieur, de me pardonner. C'est une lettre de mon frère que je n'ai pas lue en entier ; mais, d'après ce que j'en connais, je ne la crois pas faite pour être mise sous vos yeux.

GLOUCESTER

Donnez-moi cette lettre, monsieur.

EDMOND

Je ferai mal, que je la détienne ou que je la donne. Le contenu, d'après le peu que j'ai compris, en est blâmable.

GLOUCESTER

Voyons, voyons.

EDMOND

J'espère, pour la justification de mon frère, qu'il n'a écrit cela que pour éprouver ou tâter ma vertu. *(Il remet la lettre au comte.)*

GLOUCESTER, *lisant*

« Ce respect convenu pour la vieillesse nous fait une vie amère de nos plus belles années ; il nous prive de notre fortune jusqu'à ce que l'âge nous empêche d'en jouir. Je commence à trouver une servitude lâche et niaise dans cette sujétion à une tyrannie sénile, qui gouverne, non parce qu'elle est puissante, mais parce qu'elle est tolérée. Venez me voir, que je puisse vous en dire davantage. Si notre père pouvait dormir jusqu'à ce que je l'eusse éveillé, vous posséderiez pour toujours la moitié de son revenu, et vous vivriez le bien-aimé de votre frère. Edgar. » Humph ! une conspiration !... « Pouvait dormir jusqu'à ce que je l'eusse éveillé, vous posséderiez la moitié de son revenu !... » Mon fils Edgar ! Sa main a-t-elle pu écrire ceci ! Son cœur, son cerveau, le concevoir !... Quand cette lettre vous est-elle parvenue ? Qui l'a apportée ?

EDMOND

Elle ne m'a pas été apportée, monseigneur; et voilà l'artifice : je l'ai trouvée jetée sur la fenêtre de mon cabinet.

GLOUCESTER

Vous reconnaissez cet écrit pour être de votre frère?

EDMOND

Si la teneur en était bonne, monseigneur, j'oserais jurer que oui; mais, puisqu'elle est telle, je voudrais me figurer que non.

GLOUCESTER

C'est de lui.

EDMOND

C'est de sa main, monseigneur; mais j'espère que son cœur n'y est pour rien.

GLOUCESTER

Est-ce qu'il ne vous a jamais sondé sur ce sujet?

EDMOND

Jamais, monseigneur. Mais si je lui ai souvent entendu maintenir que, quand les fils sont dans la force de l'âge et les pères sur le déclin, le père devrait être comme le pupille du fils, et le fils administrer les biens du père.

GLOUCESTER

Ô scélérat, scélérat!... L'idée même de sa lettre... Scélérat abhorré, dénaturé, odieux! Misérable brute! Pire que la brute!... Allez le chercher, mon cher; je vais l'arrêter... Abominable scélérat!... Où est-il?

EDMOND

Je ne sais au juste, monseigneur. Si vous voulez bien suspendre votre indignation contre mon frère, jusqu'à ce que vous puissiez tirer de lui des informations plus certaines sur ses intentions, vous suivrez une marche plus sûre; si, au contraire, vous méprenant sur ses desseins, vous procédez violemment contre lui, vous ferez une large brèche à votre honneur et vous ruinerez son obéissance ébranlée jusqu'au cœur. J'oserais gager ma tête qu'il a écrit ceci uniquement pour éprouver mon affection envers Votre Seigneurie, et sans aucune intention menaçante.

GLOUCESTER

Le croyez-vous?

EDMOND

Si Votre Seigneurie le juge convenable, je vous mettrai à même de nous entendre conférer sur tout ceci et de vous édifier par vos propres oreilles ; et cela, pas plus tard que ce soir.

GLOUCESTER

Il ne peut pas être un pareil monstre !

EDMOND

Il ne l'est pas, je vous l'assure.

GLOUCESTER

Envers son père qui l'aime si tendrement, si absolument !... Ciel et terre ! Trouvez-le, Edmond ; tâchez de le circonvenir, je vous prie ; dirigez l'affaire au gré de votre sagesse : il faudrait que je cessasse d'être père, moi, pour avoir le sang-froid nécessaire ici.

EDMOND

Je vais le chercher, monsieur, de ce pas ; je mènerai l'affaire aussi habilement que je pourrai, et je vous tiendrai au courant.

GLOUCESTER, *rêveur*

Ces dernières éclipses de soleil et de lune ne nous présagent rien de bon. La sagesse naturelle a beau les expliquer d'une manière ou d'autre, la nature n'en est pas moins bouleversée par leurs effets inévitables : l'amour se refroidit, l'amitié se détend, les frères se divisent ; émeutes dans les cités ; discordes dans les campagnes ; dans les palais, trahisons ; rupture de tout lien entre le père et le fils. Ce misérable, né de moi, justifie la prédiction : voilà le fils contre le père ! Le roi se dérobe aux penchants de la nature : voilà le père contre l'enfant ! Nous avons vu les meilleurs de nos jours. Machinations, perfidies, guets-apens, tous les désordres les plus sinistres nous harcèlent jusqu'à nos tombes... Trouve ce misérable, Edmond : tu n'y perdras rien. Fais la chose avec précaution... Et le noble, le loyal Kent banni ! Son crime, l'honnêteté !... Étrange ! étrange ! *(Il sort.)*

EDMOND

C'est bien là l'excellente fatuité des hommes. Quand notre fortune est malade, souvent par suite des excès de notre propre conduite, nous faisons responsables de nos désastres le soleil, la lune et les étoiles : comme si nous étions scélérats par nécessité, imbéciles par compulsion céleste, fourbes, voleurs et traîtres par la prédominance des sphères, ivrognes, menteurs et adultères par obéissance forcée à l'influence planétaire, et coupables en tout par violence divine ! Admirable subterfuge de l'homme putassier :

mettre ses instincts de bouc à la charge des étoiles ! Mon père s'est conjoint avec ma mère sous la queue du Dragon, et la Grande Ourse a présidé à ma nativité : d'où il s'ensuit que je suis brutal et paillard. Bah ! j'aurais été ce que je suis, quand la plus virginale étoile du firmament aurait cligné sur ma bâtardise... Edgar !

Entre Edgar.

Il arrive à point comme la catastrophe de la vieille comédie. Mon rôle, à moi, est une sombre mélancolie, accompagnée de soupirs comme on en pousse à Bedlam. *(Haut, d'un air absorbé.)* Oh ! ces éclipses présagent toutes ces divisions... Fa, sol, la, mi !

EDGAR

Eh bien ! frère Edmond ! Dans quelle sérieuse méditation êtes-vous donc ?

EDMOND

Je réfléchis, frère, à une prédiction que j'ai lue l'autre jour, sur ce qui doit suivre ces éclipses.

EDGAR

Est-ce que vous vous occupez de ça ?

EDMOND

Les effets qu'elle énumère ne se manifestent, je vous assure, que trop, malheureusement : discordes contre nature entre l'enfant et le père, morts, disettes, dissolutions d'amitiés anciennes, divisions dans l'État, menaces et malédictions contre le roi et les nobles, dissidences sans motif, proscriptions d'amis, dispersions de cohortes, infidélités conjugales, et je ne sais quoi.

EDGAR

Depuis quand êtes-vous adepte de l'astronomie ?

EDMOND

Allons, allons ! Quand avez-vous quitté mon père ?

EDGAR

Eh bien ! hier au soir.

EDMOND

Lui avez-vous parlé ?

EDGAR

Oui, deux heures durant.

EDMOND

Vous êtes-vous séparés en bons termes? Ne vous a-t-il manifesté aucun déplaisir, soit dans ses paroles, soit dans sa contenance?

EDGAR

Aucun.

EDMOND

Demandez-vous en quoi vous pouvez l'avoir offensé; et, je vous en supplie, évitez sa présence jusqu'à ce que la vivacité de son déplaisir ait eu le temps de s'apaiser. En ce moment il est à ce point exaspéré que la destruction de votre personne pourrait à peine le calmer.

EDGAR

Quelque scélérat m'aura fait tort auprès de lui.

EDMOND

C'est ce que je crains. Je vous en prie, gardez une patiente réserve, jusqu'à ce que la violence de sa rage se soit modérée. Écoutez! retirez-vous chez moi dans mon logement; de là, je vous mettrai à même d'entendre parler milord. Allez! je vous prie. Voici ma clef. Pour peu que vous vous hasardiez dehors, marchez armé.

EDGAR

Armé, frère?

EDMOND

Frère, je vous conseille pour le mieux : marchez armé. Je ne suis pas un honnête homme, s'il est vrai qu'on vous veuille du bien. Je ne vous ai dit que très faiblement ce que j'ai vu et entendu : rien qui puisse vous donner idée de l'horrible réalité. Je vous en prie, partez.

EDGAR

Aurai-je bientôt de vos nouvelles?

EDMOND

Je suis tout à votre service en cette affaire. *(Edgar sort.)* Un père crédule, un noble frère dont la nature est si éloignée de faire le mal qu'il ne le soupçonne même pas!... Comme sa folle honnêteté est aisément dressée par mes artifices!... Je vois l'affaire... Que je doive mon patrimoine à mon esprit, sinon à ma naissance! Tout moyen m'est bon, qui peut servir à mon but. *(Il sort.)*

SCÈNE III

Dans le château du duc d'Albany.

Entrent GONERIL *et son intendant* OSWALD.

GONERIL

Est-il vrai que mon père ait frappé un de mes gentilshommes qui réprimandait son fou?

OSWALD

Oui, madame.

GONERIL

Nuit et jour il m'outrage; à toute heure il éclate en quelque grosse incartade qui nous met tous en désarroi : je ne l'endurerai pas. Ses chevaliers deviennent turbulents, et lui-même récrimine contre nous pour la moindre vétille... Quand il reviendra de la chasse, je ne veux pas lui parler; dites que je suis malade. Si vous vous relâchez dans votre service, vous ferez bien; je répondrai de la faute. *(Bruit de cors.)*

OSWALD

Il arrive, madame; je l'entends.

GONERIL

Affectez, autant qu'il vous plaira, la lassitude et la négligence, vous et vos camarades; je voudrais qu'il en fît un grief. Si ça lui déplaît, qu'il aille chez ma sœur dont la résolution, je le sais, est d'accord avec la mienne pour ne pas se laisser maîtriser!... Vieillard imbécile, qui voudrait encore exercer l'autorité dont il s'est dépouillé! Ah! sur ma vie! ces vieux fous redeviennent enfants, et il faut les traiter par la rigueur, quand ils abusent de nos cajoleries. Rappelez-vous ce que j'ai dit.

OSWALD

Fort bien, madame.

GONERIL

Et que ses chevaliers soient traités par vous plus froidement! Peu importe ce qui en résultera. Prévenez vos camarades à cet effet. Je voudrais, et j'y parviendrai, faire surgir une occasion de m'expliquer. Je vais vite écrire à ma sœur de suivre mon exemple... Préparez le dîner. *(Ils sortent.)*

SCÈNE IV

Une autre partie du château.

Entre KENT, *déguisé.*

KENT, *les yeux sur ses vêtements.*

Si je puis aussi bien, en empruntant un accent étranger, travestir mon langage, ma bonne intention obtiendra le plein succès pour lequel j'ai déguisé mes traits. Maintenant, Kent, le banni, si tu peux te rendre utile là même où tu es condamné (et puisses-tu y réussir!), le maître que tu aimes te trouvera plein de zèle. *(Bruit de cors.)*

Entre Lear, avec ses chevaliers et sa suite.

LEAR

Que je n'attende pas le dîner un instant! Allez! faites-le servir. *(Quelqu'un de la suite sort. À Kent.)* Eh! toi, qui es-tu?

KENT

Un homme, monsieur.

LEAR

Quelle est ta profession? Que veux-tu de nous?

KENT

Ma profession, la voici : ne pas être au-dessous de ce que je parais, servir loyalement qui veut m'accorder sa confiance, aimer qui est honnête, frayer avec qui est sage et qui parle peu, redouter les jugements, combattre, quand je ne puis faire autrement, et ne pas manger de poisson!

LEAR

Qui es-tu?

KENT

Un compagnon fort honnête et aussi pauvre que le roi.

LEAR

Si tu es aussi pauvre comme sujet qu'il l'est comme roi, tu es assez pauvre en effet. Que veux-tu?

KENT

Du service.

LEAR

Qui voudrais-tu servir?

KENT

Vous.

LEAR

Me connais-tu, camarade ?

KENT

Non, monsieur ; mais vous avez dans votre mine quelque chose qui me donne envie de vous appeler maître.

LEAR

Quoi donc ?

KENT

L'autorité.

LEAR

Quel service peux-tu faire ?

KENT

Je puis garder honnêtement un secret, monter à cheval, courir, gâter une curieuse histoire en la disant, et délivrer vivement un message simple. Je suis bon à tout ce que peut un homme ordinaire, et ce que j'ai de mieux est ma diligence.

LEAR

Quel âge as-tu ?

KENT

Ni assez jeune, monsieur, pour aimer une femme à l'entendre chanter, ni assez vieux pour raffoler d'elle par n'importe quel motif : j'ai quarante-huit ans sur le dos.

LEAR

Suis-moi : tu me serviras. Si tu ne me déplais pas davantage après dîner, je ne te renverrai pas de sitôt... Le dîner ! Holà ! le dîner !... Où est mon drôle ! mon fou ?... Qu'on aille chercher mon fou ! *(Sort un chevalier.)*

Entre Oswald.

Eh ! vous, l'ami, où est ma fille ?

OSWALD

Permettez... *(Il sort.)*

LEAR

Que dit ce gaillard-là? Rappelez ce maroufle! *(Un chevalier sort.)* Où est mon fou? Holà!... Je crois que tout le monde dort.

Le chevalier rentre.

Eh bien! où est ce métis?

LE CHEVALIER

Il dit, monseigneur, que votre fille n'est pas bien.

LEAR

Pourquoi le maraud n'est-il pas revenu, quand je l'appelais?

LE CHEVALIER

Sire, il m'a répondu fort rondement qu'il ne le voulait pas.

LEAR

Qu'il ne le voulait pas!

LE CHEVALIER

Je ne sais pas ce qu'il y a, monseigneur; mais, selon mon jugement, Votre Altesse n'est pas traitée avec la même affection cérémonieuse que par le passé. Il y a apparemment un grand relâchement de bienveillance, aussi bien parmi les gens de service que chez le duc lui-même et chez votre fille.

LEAR

Ha! tu crois?

LE CHEVALIER

Je vous conjure de m'excuser, monseigneur, si je me méprends; mais mon zèle ne saurait rester silencieux, quand je crois Votre Altesse lésée.

LEAR

Tu me rappelles là mes propres observations. J'ai remarqué depuis peu une vague négligence; mais j'aimais mieux accuser ma jalouse susceptibilité qu'y voir une intention, un parti pris de malveillance. Je veux y regarder de plus près... Mais où est mon fou? Je ne l'ai pas vu ces deux jours-ci.

LE CHEVALIER

Depuis que notre jeune maîtresse est partie pour la France, sire, le fou s'est beaucoup affecté.

LEAR

Assez !... Je l'ai bien remarqué. *(À un chevalier.)* Allez dire à ma fille que je veux lui parler. *(À un autre.)* Vous, allez chercher mon fou. *(Les deux chevaliers sortent.)*

Rentre Oswald.

LEAR

Holà ! vous, monsieur ! vous, monsieur ! venez ici... Qui suis-je, monsieur ?

OSWALD

Le père de madame.

LEAR

Le père de madame !... Ah ! méchant valet de monseigneur ! Engeance de putain ! maraud ! chien !

OSWALD

Je ne suis rien de tout cela, monseigneur ; je vous en demande pardon.

LEAR

Osez-vous lancer vos regards sur moi, misérable ! *(Il le frappe.)*

OSWALD

Je ne veux pas être frappé, monseigneur.

KENT, *le renversant d'un croc-en-jambe*

Ni faire la culbute, mauvais joueur de ballon !

LEAR

Je te remercie, camarade : tu me sers, et je t'aimerai.

KENT, *à l'intendant*

Allons ! messire, levez-vous et détalez. Je vous apprendrai les distances. Détalez, détalez. Si vous voulez mesurer encore une fois votre longueur de bélître, restez... Détalez donc, vous dis-je ! Êtes-vous raisonnable ? Vite ! *(Il pousse Oswald dehors.)*

LEAR

Ah ! mon aimable valet, je te remercie : voici des arrhes sur ce service. *(Il lui donne sa bourse.)*

Entre le fou.

LE FOU

Je veux le rétribuer, moi aussi ! *(Offrant à Kent son bonnet.)* Voici mon bonnet d'âne.

LEAR

Eh bien! mon drôle mignon, comment vas-tu?

LE FOU, *à Kent*

L'ami, prenez donc mon bonnet d'âne.

KENT

Pourquoi, fou?

LE FOU

Pourquoi? Parce que vous prenez le parti d'un disgracié!... Ah! si tu ne sais pas sourire du côté où souffle le vent, tu attraperas bien vite un rhume. Tiens! voici mon bonnet d'âne. *(Montrant Lear.)* Oui-da, ce compagnon a banni deux de ses filles et a donné la bénédiction à la troisième, malgré lui : si tu t'attaches à lui, tu dois absolument porter mon bonnet d'âne... Comment va, m'n oncle? Je voudrais avoir deux bonnets d'âne, si j'avais deux filles!

LEAR

Pourquoi, mon gars?

LE FOU

Dans le cas où je leur donnerais tout mon bien, je garderais les bonnets d'âne pour moi seul. *(Tendant son bonnet à Lear.)* Je te donne le mien; que tes filles te fassent aumône de l'autre!

LEAR

Gare le fouet, coquin!

LE FOU

La vérité est une chienne qui se relègue au chenil : on la chasse à coups de fouet, tandis que la braque grande dame peut s'étaler au coin du feu et puer.

LEAR

Sarcasme cruellement amer pour moi!

LE FOU, *à Kent*

L'ami, je vais t'apprendre une oraison.

LEAR

Va!

LE FOU

Attention, m'n oncle!

Aie plus que tu ne montres,
Parle moins que tu ne sais,
Prête moins que tu n'as,
Chevauche plus que tu ne marches,
Apprends plus que tu ne crois,
Risque moins que tu ne gagnes,
Renonce à ta boisson et à ta putain,
Et reste au logis;
Et tu obtiendras
Plus de deux dizaines à la vingtaine.

KENT

Cela ne vaut rien, fou.

LE FOU

Alors, c'est comme la parole d'un avocat sans salaire : vous ne m'avez rien donné pour ça. Pourriez-vous pas, m'n oncle, tirer parti de rien?

LEAR

Eh! non, enfant : rien ne peut se faire de rien.

LE FOU, *à Kent*

C'est justement à quoi se monte la rente de sa terre; je t'en prie, dis-le-lui : il n'en voudrait pas croire un fou.

LEAR

Mauvais fou!

LE FOU

Sais-tu la différence, mon garçon, entre un mauvais fou et un bon fou?

LEAR

Non, mon gars; apprends-le-moi.

LE FOU

Que le seigneur qui t'a conseillé
De renoncer à tes terres
Vienne se mettre près de moi!
Ou prends sa place, toi.
Le bon fou et le mauvais
Vont apparaître immédiatement.

(Se désignant.)
Voici l'un en livrée,
(Montrant Lear.)
Et l'autre, le voilà !

LEAR

Est-ce que tu m'appelles fou, garnement ?

LE FOU

Tous les autres titres, tu les as abdiqués ; celui-là, tu es né avec.

KENT

Ceci n'est pas folie entière, monseigneur.

LE FOU

Non, ma foi ! Les seigneurs et les grands ne veulent pas que je l'accapare toute. Quand j'en aurais le monopole, ils en voudraient leur part. Les dames, non plus, ne veulent pas me laisser le privilège de la folie : il faut qu'elles grappillent... Donne-moi un œuf, m'n oncle, et je te donnerai deux couronnes.

LEAR

Deux couronnes ! De quelle sorte ?

LE FOU

Eh bien ! les deux couronnes de la coquille, après que j'aurai cassé l'œuf par le milieu et mangé le contenu. Le jour où tu as fendu ta couronne par le milieu pour en donner les deux moitiés, tu as porté ton âne sur ton dos pour passer le bourbier. Tu avais peu d'esprit sous ta couronne de cheveux blancs, quand tu t'es défait de ta couronne d'or. Ai-je parlé en fou que je suis ? Que le premier qui dira que oui reçoive le fouet ! *(Il chante.)*

Les fous n'ont jamais eu de moins heureuse année,
Car les sages sont devenus sots
Et ne savent plus comment porter leur esprit,
Tant leurs mœurs sont extravagantes.

LEAR

Depuis quand, maraud, êtes-vous tant en veine de chansons ?

LE FOU

Eh bien ! m'n oncle, c'est depuis que tu t'es fait l'enfant de tes filles ; car, le jour où tu leur as livré la verge en mettant bas tes culottes *(chantant :)*

Soudain elles ont pleuré de joie,
Et moi j'ai chanté de douleur,
À voir un roi jouer à cligne-musette,
Et se mettre parmi les fous!

Je t'en prie, m'n oncle, trouve un précepteur qui enseigne à ton fou à mentir; je voudrais bien apprendre à mentir.

LEAR

Si vous mentez, coquin, vous serez fouetté.

LE FOU

Quelle merveilleuse parenté peut-il y avoir entre toi et tes filles? Elles veulent me faire fouetter si je dis vrai; toi, tu veux me faire fouetter si je mens. Et parfois je suis fouetté si je garde le silence. J'aimerais mieux être n'importe quoi que fou, et pourtant je ne voudrais pas être toi, m'n oncle : tu as épluché ton bon sens des deux côtés et tu n'as rien laissé au milieu. Voici venir une des épluchures.

Entre Goneril.

LEAR

Eh bien! ma fille, pourquoi ce sombre diadème? Il me semble que depuis peu vous avez le front bien boudeur.

LE FOU

Tu étais un joli gaillard quand tu n'avais pas à t'inquiéter de sa bouderie; maintenant tu es un zéro sans valeur; je suis plus que toi maintenant : je suis un fou, tu n'es rien. *(À Goneril.)* Oui, morbleu! je vais retenir ma langue : votre visage me l'ordonne, quoique vous ne disiez rien... Chut! chut!

Qui ne garde ni mie ni croûte,
Par dégoût de tout s'expose au besoin.

(Montrant Lear.) Voici une cosse vide.

GONERIL, *à Lear*

Monsieur, ce n'est pas seulement votre fou qui a toute licence : les autres gens de votre suite insolente récriminent et querellent à toute heure, se portant à des excès ignobles et intolérables. Monsieur, j'avais cru, en vous faisant connaître ces abus, en assurer le redressement; mais maintenant j'ai grand-peur, vous voyant si lent à parler et à agir, que vous ne les autorisiez et ne les couvriez de votre tolérance. Si cela était, un pareil tort n'échapperait pas à la censure, et l'on aurait recours à des remèdes qui, appliqués dans un état salutaire, pourraient vous blesser, mais qui, dans une situation autre, seraient une humiliation justifiée par la nécessité comme un acte de sagesse.

LE FOU

Car vous savez, m'n oncle *(fredonnant :)*

Le passereau nourrit si longtemps le coucou
Qu'il eut la tête arrachée par ses petits.

Sur ce, s'éteignit la chandelle et nous restâmes à tâtons !

LEAR, *à Goneril*

Êtes-vous notre fille ?

GONERIL

Je voudrais que vous fissiez usage du bon sens dont je vous sais pourvu : débarrassez-vous donc de ces humeurs qui depuis peu vous rendent tout autre que ce que vous devez être.

LE FOU

L'âne peut-il pas savoir quand la charrette remorque le cheval ? Hue, Aliboron ! je t'aime.

LEAR

Quelqu'un me reconnaît-il ici ? Bah ! ce n'est point Lear. Est-ce ainsi que Lear marche, ainsi qu'il parle ? Où sont ses yeux ? Ou sa perception s'affaiblit, ou son discernement est une léthargie... Lui ! éveillé ! Cela n'est pas... Qui est-ce qui peut me dire qui je suis ?

LE FOU

L'ombre de Lear !

LEAR

Je voudrais le savoir, car, par le témoignage souverain de l'entendement et de la raison, je serais induit à me figurer que j'ai eu des filles.

LE FOU

Lesquelles veulent faire de toi un père obéissant.

LEAR, *à Goneril*

Votre nom, belle dame ?

GONERIL

Allons ! monsieur, cet ébahissement est à l'avenant de vos autres récentes fredaines. Je vous adjure de bien comprendre ma pensée ; vieux et vénérable comme vous l'êtes, vous devriez être sage. Ici même vous entretenez cent chevaliers et écuyers, tous si désordonnés, si débauchés, si impudents, que notre cour, souillée par leur conduite, a l'air d'une auberge en pleine orgie. L'épicurisme et la luxure en font une taverne ou un lupanar plutôt qu'un palais princier. La pudeur même réclame un remède immédiat. Accédez donc au désir de celle qui autrement pourrait bien exiger la chose qu'elle demande : réduisez un peu votre suite, et que ceux qui resteront dans votre dépendance soient des gens qui conviennent à votre âge et sachent ce qu'ils sont et ce que vous êtes !

LEAR

Ténèbres et enfer ! qu'on selle mes chevaux, qu'on rassemble ma suite ! Dégénérée bâtarde, je ne te troublerai plus ! Il me reste une fille.

GONERIL

Vous frappez mes gens ; et tous les insolents de votre bande font des serviteurs de leurs supérieurs !...

Entre Albany.

LEAR

Malheur à qui se repent trop tard ! *(À Albany.)* Ah ! vous voilà, monsieur ! Est-ce là votre volonté ?... Parlez, monsieur... Qu'on prépare mes chevaux ! Ingratitude, démon au cœur de marbre, plus horrible, quand tu te révèles dans un enfant, que le monstre des mers !

ALBANY

De grâce, sire, patience !

LEAR, *à Goneril*

Orfraie détestée, tu mens ! Mes gens sont des hommes d'élite, du mérite le plus rare, qui connaissent toutes les exigences du devoir, et qui supportent avec la plus scrupuleuse dignité l'honneur de leur nom... Ô faute si légère, comment m'as-tu paru si hideuse dans Cordélia ! Tu as pu, ainsi qu'un chevalet, disloquer toutes les fibres de mon être, et arracher tout l'amour de mon cœur pour en faire du fiel ! *(Se frappant le front.)* Ô Lear, Lear, Lear ! frappe cette porte qui laisse entrer ta démence et échapper ta chère raison ! *(À sa suite.)* Allez, allez, mes gens.

ALBANY

Sire, je suis aussi innocent qu'ignorant de ce qui vous a ému.

LEAR

C'est possible, milord... *(Montrant Goneril.)* Écoute, nature, écoute ! Chère déesse, écoute ! Suspends ton dessein, si tu t'es proposé de rendre cette créature féconde ! Porte la stérilité dans sa matrice ! Dessèche en elle les organes de la génération, et que jamais de son corps dégradé il ne naisse un enfant qui l'honore ! S'il faut qu'elle conçoive, forme de fiel son nourrisson, en sorte qu'il vive pour la tourmenter de sa perversité dénaturée ! Puisse-t-il imprimer les rides sur son jeune front, creuser à force de larmes des ravins sur ses joues, et payer toutes les peines, tous les bienfaits de sa mère en dérision et en mépris, afin qu'elle reconnaisse combien la morsure d'un reptile est moins déchirante que l'ingratitude d'un enfant... Partons ! partons ! *(Il sort.)*

ALBANY

Dieu que nous adorons, d'où vient tout ceci ?

GONERIL

Ne vous tourmentez pas d'en savoir le motif, et laissez son humeur prendre l'essor que lui donne le radotage.

Rentre Lear.

LEAR

Quoi ! cinquante de mes écuyers d'un coup !... au bout de quinze jours !

ALBANY

Qu'y a-t-il, monsieur ?

LEAR

Je vais te le dire. *(Il pleure. À Goneril.)* Vie et mort ! quelle honte pour moi que tu puisses ébranler ainsi ma virilité, et que ces larmes brûlantes qui m'échappent malgré moi te fassent digne d'elles !... Tombent sur toi ouragans et brouillards !... Que les insondables plaies de la malédiction d'un père rongent ton être tout entier ! *(Il essuie ses larmes.)* Ah ! mes vieux yeux débiles, pleurez encore pour ceci, et je vous arrache, et je vous envoie saturer la fange des larmes que vous perdez... Quoi ! les choses en sont venues là ! Soit ! il me reste encore une fille qui, j'en suis sûr, est bonne et secourable. Quand elle apprendra ceci sur toi, de ses ongles elle déchirera ton visage de louve. Tu le verras ! je reprendrai cet appareil que tu crois pour toujours dépouillé par moi ; tu le verras, je te le garantis ! *(Sortent Lear, Kent et sa suite.)*

GONERIL

Entendez-vous cela, milord ?

ALBANY

Goneril, je ne saurais être tellement partial pour la grande affection que je vous porte...

GONERIL

De grâce ! soyez calme... Holà ! Oswald ! *(Au fou.)* Vous, l'ami, plus fourbe que fou, suivez votre maître.

LE FOU

M'n oncle Lear, m'n oncle Lear, attends, emmène ton fou avec toi. *(Il fredonne :)*

Une renarde qu'on aurait prise
En compagnie d'une telle fille
Serait bientôt au charnier,
Si ma cape pouvait payer une corde !
Sur ce, le fou ferme la marche.

(Il sort.)

GONERIL

Cet homme a eu une bonne idée !... Cent chevaliers ! Vraiment, il est politique et prudent de lui laisser garder cent chevaliers tout armés !... Oui, afin qu'à la première hallucination, sur une boutade ou une fantaisie, à la moindre contrariété, au moindre déplaisir, il puisse renforcer son imbécillité de leurs violences et tenir nos existences à sa merci... Oswald ! allons !

ALBANY

Pourtant, vous pouvez exagérer la crainte.

GONERIL

C'est plus sûr que d'exagérer la confiance. Laissez ! j'aime mieux prévenir les malheurs que je crains, que craindre toujours d'être prévenue par eux. Je connais sa pensée. J'ai écrit à ma sœur ce qu'il a déclaré. Si elle le supporte, lui et ses cent chevaliers, quand je lui en ai montré les inconvénients... Eh bien ! Oswald !

Entre l'intendant Oswald.

Avez-vous écrit cette lettre à ma sœur ?

OSWALD

Oui, madame.

GONERIL

Prenez une escorte, et vite à cheval ! Informez-la en détail de mes inquiétudes, et ajoutez-y de vous-même tous les arguments qui peuvent leur donner consistance. Partez vite, et hâtez votre retour.

(L'intendant sort. À Albany.) Non, non, milord, cette mielleuse indulgence qui règle votre conduite, je ne la réprouve pas; mais, pardonnez-moi cette franchise, vous méritez plus de reproches par votre imprudence que d'éloges par cette inoffensive douceur.

ALBANY

Jusqu'où s'étend la portée de votre regard, c'est ce que je ne puis dire; en visant au mieux, nous gâtons souvent ce qui est bien.

GONERIL

Mais alors...

ALBANY

Bien, bien! attendons l'événement. *(Ils sortent.)*

SCÈNE V

Une cour devant le château du duc d'Albany.

Entrent LEAR, KENT et LE FOU.

LEAR, *remettant un pli à Kent*

Partez en avant pour Gloucester avec cette lettre. Instruisez ma fille de ce que vous savez, mais en vous bornant à répondre aux questions que lui suggérera ma lettre. Si vous ne faites pas prompte diligence, je serai là avant vous.

KENT

Je ne dormirai pas, sire, que je n'aie remis votre lettre. *(Il sort.)*

LE FOU

Si la cervelle de l'homme était dans ses talons, ne risquerait-elle pas d'avoir des engelures?

LEAR

Oui, enfant.

LE FOU

Alors, réjouis-toi, je te prie : ton esprit n'ira jamais en savates.

LEAR

Ha! ha! ha!

LE FOU

Tu verras que ton autre enfant te traitera aussi filialement : car, bien qu'elle ressemble à sa sœur comme une pomme sauvage à une pomme, pourtant je sais ce que je sais.

LEAR

Eh bien! que sais-tu, mon gars?

LE FOU

Que celle-là différera de goût avec celle-ci autant qu'une pomme sauvage avec une pomme sauvage... Saurais-tu dire pourquoi on a le nez au milieu de la face?

LEAR

Non.

LE FOU

Eh bien! pour avoir un œil de chaque côté du nez, en sorte qu'on puisse apercevoir ce qu'on ne peut flairer.

LEAR, *absorbé*

J'ai eu tort envers elle.

LE FOU

Saurais-tu dire comment l'huître fait son écaille?

LEAR

Non.

LE FOU

Moi non plus; mais je saurais dire pourquoi un colimaçon a une maison.

LEAR

Pourquoi?

LE FOU

Eh bien! pour y caser sa tête, et non pour la donner à ses filles et laisser ses cornes sans abri.

LEAR, *toujours absorbé*

Je veux oublier ma nature... Un père si affectueux!... Mes chevaux sont-ils prêts?

LE FOU

Tes ânes sont allés y voir. La raison pour laquelle les sept planètes ne sont pas plus de sept est une jolie raison.

LEAR

Parce qu'elles ne sont pas huit?

LE FOU

C'est cela, vraiment! Tu ferais un bouffon parfait.

LEAR, *toujours rêveur*

Reprendre la chose de force!... Monstrueuse ingratitude!

LE FOU

Si tu étais mon bouffon, m'n oncle, je te ferais battre pour être devenu vieux avant le temps.

LEAR

Comment ça?

LE FOU

Tu n'aurais pas dû être vieux avant d'être raisonnable.

LEAR

Oh! que je ne devienne pas fou, pas fou, cieux propices! Maintenez-moi dans mon bon sens. Je ne veux pas devenir fou!

Entre un gentilhomme.

Eh bien! les chevaux sont-ils prêts?

LE GENTILHOMME

Tout prêts, sire.

LEAR, *au fou*

Viens, mon gars.

LE FOU.

Celle qui, vierge en ce moment, rit en me voyant partir, Ne sera pas vierge longtemps, à moins que la chose ne soit coupée court.

(Ils sortent.)

ACTE II

SCÈNE PREMIÈRE

Une cour du château de Gloucester
sur laquelle donne l'appartement d'Edmond.

Il fait nuit. EDMOND *et* CURAN *se rencontrent.*

EDMOND

Salut à toi, Curan!

CURAN

Et à vous, messire! J'ai vu votre père, et lui ai notifié que le duc de Cornouailles et Régane, sa duchesse, seront chez lui ce soir.

EDMOND

Comment ça se fait-il?

CURAN

Vraiment, je ne sais pas. Vous avez su les nouvelles qui courent; je veux dire, celles qu'on dit tout bas, car ce ne sont encore que des rumeurs à fleur d'oreille.

EDMOND

Nullement. Quelles sont-elles, je vous prie?

CURAN

Avez-vous pas ouï parler d'une guerre probable entre les ducs de Cornouailles et d'Albany?

EDMOND

Pas un mot.

CURAN

Vous en saurez bientôt quelque chose. Adieu, messire! *(Il sort.)*

EDMOND

Le duc ici ce soir! Tant mieux!... À merveille!... Voilà qui s'adapte naturellement à ma trame. Mon père a mis le guet sur pied pour prendre mon frère. Et j'ai un rôle de nature délicate à jouer...

Activité, et toi, fortune, à l'œuvre! *(Appelant.)* Frère, un mot!... Descendez, frère, holà!

Entre Edgar.

Mon père vous surveille! Oh! monsieur, fuyez de ce lieu : on a appris où vous étiez caché. Heureusement vous avez la faveur de la nuit... N'avez-vous pas parlé contre le duc de Cornouailles?... Il arrive ici ce soir même, en hâte, et Régane avec lui! N'avez-vous rien dit de ses menées contre le duc d'Albany? Songez-y bien.

EDGAR

Pas un mot, j'en suis sûr.

EDMOND, *dégainant*

J'entends venir mon père... Pardon! Pour la forme, il faut que je tire l'épée contre vous : dégainez! Faites semblant de vous défendre. Maintenant faites bonne retraite. *(Haussant la voix.)* Rendez-vous! Venez devant mon père... Des lumières, holà! Par ici. *(Bas.)* Fuyez, frère. *(Haut.)* Des torches! des torches! *(Bas.)* Bien, adieu! *(Edgar s'enfuit.)* Quelques gouttes de sang tiré de moi feraient croire à un plus rude effort de ma part. *(Il se pique le bras.)* J'ai vu des ivrognes faire pis que cela pour rire... Père, père! Arrête! arrête!... Pas de secours!

Entre Gloucester, suivi de serviteurs portant des torches.

GLOUCESTER

Eh bien! Edmond, où est le scélérat?

EDMOND

Il était ici dans les ténèbres, agitant la pointe de son épée, marmonnant de coupables incantations et adjurant la lune d'être sa patronne tutélaire...

GLOUCESTER

Mais où est-il?

EDMOND

Voyez, monsieur! je saigne.

GLOUCESTER

Où est le scélérat, Edmond?

EDMOND

Enfui de ce côté... Quand il a reconnu que par aucun moyen...

GLOUCESTER, *à ses gens*

Qu'on le poursuive! Holà! courez-lui sus! *(Les serviteurs sortent.)* Que par aucun moyen?

EDMOND

Il ne pouvait me décider à l'assassinat de Votre Seigneurie; que je lui parlais des dieux vengeurs qui dirigent tous leurs tonnerres contre les parricides, et des liens multiples et puissants qui attachent l'enfant au père; enfin, monsieur, dès qu'il a vu mon invincible horreur pour son projet dénaturé, dans un mouvement sauvage, il s'est élancé, l'épée nue, sur ma personne découverte et m'a percé le bras; mais, voyant que mon énergie alerte, hardie pour le bon droit, s'animait à la riposte, ou effrayé peut-être par le bruit que je faisais, il s'est enfui soudain.

GLOUCESTER

Qu'il fuie à sa guise! Il n'échappera pas aux poursuites en ce pays; et une fois pris, expédié! Le noble duc, mon maître, mon digne chef et patron, arrive ce soir : de par son autorité, je ferai proclamer que ma reconnaissance attend quiconque découvrira le lâche assassin et le livrera à l'échafaud. Quiconque le cachera, à mort!

EDMOND

Quand, en dépit de mes avis, je l'ai trouvé inébranlable dans sa résolution, je l'ai, dans les termes les plus véhéments, menacé de tout découvrir. Il m'a répondu : « Bâtard déshérité! crois-tu que, si je te donnais un démenti, l'ascendant de ta loyauté, de ta vertu, ou de ton mérite, suffirait à donner créance à tes paroles? Non! Avec une simple dénégation (et je nierais la chose, quand tu produirais ma propre écriture), j'imputerais tout à tes suggestions, à tes complots, à tes damnés artifices! Il faudrait que le monde entier fût ta dupe, pour ne pas s'apercevoir que les profits espérés de ma mort sont les stimulants énergiques et puissants qui te la font chercher! »

GLOUCESTER

Rare et fieffé scélérat! il nierait donc sa lettre!... Il n'est pas né de moi... *(Fanfares.)* Écoutons! Les trompettes du duc! Je ne sais pourquoi il vient. Je ferai fermer tous les ports : le misérable n'échappera pas. Il faut que le duc m'accorde cela. En outre, je veux envoyer partout son signalement, afin que le royaume entier puisse le reconnaître. Et quant à ma succession, ô mon loyal, mon véritable enfant, je trouverai moyen de te la rendre accessible.

Entrent le duc de Cornouailles, Régane et leur suite.

CORNOUAILLES

Eh bien! mon noble ami, depuis mon arrivée ici, c'est-à-dire depuis un moment, j'ai appris d'étranges nouvelles.

RÉGANE

Si cela est, trop faibles sont tous les châtiments qui peuvent atteindre le criminel. Comment va milord?

GLOUCESTER

Ô madame! mon vieux cœur est brisé, est brisé!

RÉGANE

Quoi! le filleul de mon père attenter à vos jours! Celui que mon père a nommé! Votre Edgar!

GLOUCESTER

Ô milady! milady! c'est ce que ma honte aurait voulu cacher!

RÉGANE

N'était-il pas le compagnon de ces chevaliers libertins qui escortent mon père?

GLOUCESTER

Je ne sais pas, madame... C'est trop coupable, trop coupable.

EDMOND

Oui, madame, il était de cette bande.

RÉGANE

Je ne m'étonne plus alors de ses mauvaises dispositions : ce sont eux qui l'auront poussé à tuer le vieillard, pour pouvoir dissiper et piller ses revenus. Ce soir même, un avis de ma sœur m'a pleinement informée de leur conduite; et je suis si bien avertie, que, s'ils viennent pour séjourner chez moi, je n'y serai pas.

CORNOUAILLES

Ni moi, je t'assure, Régane... Edmond, j'apprends que vous avez montré pour votre père un dévouement filial.

EDMOND

C'était mon devoir, seigneur.

GLOUCESTER

C'est lui qui a révélé ses machinations; il a reçu la blessure que vous voyez, en essayant de l'appréhender.

CORNOUAILLES

Est-on à sa poursuite?

GLOUCESTER

Oui, mon bon seigneur.

CORNOUAILLES

S'il est pris, il cessera pour jamais d'être à craindre : faites à votre guise usage de ma puissance. Pour vous, Edmond, dont la vertueuse obéissance s'est à l'instant même si bien distinguée, vous êtes désormais à nous. Nous avons grand besoin de caractères aussi profondément loyaux. Nous vous retenons.

EDMOND

Je vous servirai, milord, fidèlement, à défaut d'autre mérite.

GLOUCESTER

Je remercie pour lui Votre Grâce.

CORNOUAILLES

Vous ne savez pas ce qui nous amène près de vous...

RÉGANE

À cette heure insolite, sous le sombre regard de la nuit ! D'importantes affaires, noble Gloucester, sur lesquelles votre avis nous est nécessaire. Notre père et notre sœur m'ont fait part de leur mésintelligence, et j'ai cru bon de ne pas leur répondre de chez moi : les courriers emporteront d'ici notre message... Notre bon vieil ami, que votre cœur se console ! et accordez-nous vos utiles conseils pour une affaire qui réclame une immédiate décision.

GLOUCESTER

Je suis à vos ordres, madame. Vos Grâces sont les très bien venues. *(Ils sortent.)*

SCÈNE II

Devant le château de Gloucester.

La lune brille. On distingue vaguement à l'horizon les premières lueurs du jour qui va se lever.

L'intendant OSWALD *et* KENT *se rencontrent.*

OSWALD

La matinée te soit propice, ami ! Es-tu de la maison ?

KENT

Oui.

OSWALD

Où pouvons-nous mettre nos chevaux ?

KENT

Dans la boue.

OSWALD.

Je t'en prie, dis-le-moi en ami.

KENT

Je ne suis pas ton ami.

OSWALD

Aussi bien, je ne me soucie pas de toi.

KENT

Si je te tenais dans la fourrière de Lipsbury, je t'obligerais bien à te soucier de moi.

OSWALD

Pourquoi me traites-tu ainsi ? Je ne te connais pas.

KENT

Compagnon, je te connais.

OSWALD

Et pour qui me connais-tu ?

KENT

Pour un drôle ! un maroufle, un mangeur de reliefs, un infâme, un insolent, un sot, un gueux à trois livrées, un cuistre à cent écus, un drôle en sales bas de laine, un lâche au foie de lis, un vil chicanier, un fils de putain, un lorgneur de miroir, un flagorneur, un faquin, un maraud héritant de toutes les défroques ! un gredin qui voudrait être maquereau à force de bons offices, et qui n'est qu'un composé du fourbe, du mendiant, du couard, et de l'entremetteur ! le fils et héritier d'une lice bâtarde ! un gaillard que je veux faire éclater en hurlements plaintifs, si tu oses nier la moindre syllabe de ton signalement !

OSWALD

Eh ! quel monstrueux coquin es-tu donc, pour déblatérer ainsi contre un homme qui n'est pas connu de toi et ne te connaît pas ?

KENT

Il faut que tu sois un manant à face bien bronzée, pour nier que tu me connaisses. Il n'y a pas deux jours que je t'ai culbuté et battu devant le roi. Dégaine, coquin. Quoiqu'il soit nuit encore, la lune brille, je vais t'infiltrer un rayon de lune... Dégaine, putassier, couillon! dégaine, dameret! *(Il met l'épée à la main.)*

OSWALD

Arrière! je n'ai pas affaire à toi.

KENT

Dégainez, misérable! Ah! vous arrivez avec des lettres contre le roi; vous prenez le parti de la poupée Vanité contre la majesté de son père. Dégainez, coquin, ou je vais vous hacher les jarrets avec ceci... Dégainez, misérable! en garde!

OSWALD

Au secours! holà! au meurtre! au secours!

KENT, LE FRAPPANT

Poussez donc, manant! Ferme, coquin, ferme!... Poussez donc, fieffé manant.

OSWALD

Au secours, holà! au meurtre! au meurtre!

Entrent Edmond, Cornouailles, Régane et leur suite, puis Gloucester.

EDMOND

Eh bien! qu'y a-t-il? Séparez-vous.

KENT, *se tournant vers Edmond.*

À vous, s'il vous plaît, mon petit bonhomme!... Venez! je vais vous égratigner. Venez donc, mon jeune maître.

GLOUCESTER

Des épées! des armes! Que se passe-t-il ici?

CORNOUAILLES

Sur votre vie! respectez la paix... Celui qui frappe est mort. Qu'y a-t-il?

RÉGANE

Ce sont les messagers de ma sœur et du roi.

CORNOUAILLES

Pourquoi cette altercation entre vous? Parlez!

OSWALD

Je puis à peine respirer, milord.

KENT

Ce n'est pas étonnant : vous avez tant surmené votre valeur. Lâche coquin, la nature te désavoue : c'est un tailleur qui t'a fait.

CORNOUAILLES

Tu es un étrange gaillard : un tailleur faire un homme !

KENT

Oui, messire, un tailleur ! Un sculpteur ou un peintre ne l'aurait pas si mal ébauché, n'eussent-ils été que deux heures à la besogne.

CORNOUAILLES, *à Oswald*

Parlez donc ! comment a surgi cette querelle ?

OSWALD

Ce vieux ruffian, seigneur, dont j'ai épargné la vie, à la requête de sa barbe grise...

KENT

Zed bâtard ! lettre inutile !... Milord, si vous me le permettez, je vais piler en mortier ce scélérat brut et en crépir le mur des latrines... Toi, épargner ma barbe grise, chétif hoche-queue !

CORNOUAILLES

Paix, drôle !... Grossier manant, ignores-tu le respect ?

KENT

Non, monsieur ; mais la colère a ses privilèges.

CORNOUAILLES

Qu'est-ce qui te met en colère ?

KENT

C'est de voir porter l'épée par un maraud qui ne porte pas l'honneur. Ces maroufles souriants rongent, comme des rats, les liens sacrés trop étroitement serrés pour être dénoués ; ils caressent toutes les passions qui se rebellent dans le cœur de leurs maîtres, jettent l'huile sur le feu, la neige sur les glaciales froideurs, nient, affirment, et tournent leur bec d'alcyon à tous les vents du caprice de leurs maîtres ! Ainsi que les chiens, ils ne savent que suivre ! *(À Oswald.)* Peste soit de votre visage épileptique ! Vous souriez de mes discours, comme si j'étais un imbécile ! Oison, si je vous tenais dans la place de Sarum, je vous pourchasserais toujours caquetant jusqu'à Camelot !

CORNOUAILLES

Çà ! es-tu fou, vieux ?

GLOUCESTER

Quel est le motif de votre rixe ? Dites.

KENT

Il n'y a pas plus d'antipathie entre les contraires, qu'entre moi et un pareil fourbe.

CORNOUAILLES

Pourquoi le traites-tu de fourbe ? Quel est son crime ?

KENT

Sa physionomie me déplaît.

CORNOUAILLES

Pas plus que la mienne, peut-être ! *(Montrant Edmond.)* Ou la sienne ! *(Montrant Régane.)* Ou la sienne !

KENT

Monsieur, c'est mon habitude d'être franc : j'ai vu dans ma vie de meilleurs visages que ceux que je vois sur maintes épaules devant moi, en ce moment.

CORNOUAILLES

C'est quelque drôle qui, ayant été loué pour sa rusticité, affecte une insolente rudesse et exagère la simplicité, au mépris de tout naturel... Il ne saurait flatter, lui !... c'est une âme honnête et franche ! il faut qu'il dise la vérité : si elle est bien reçue, tant mieux ; sinon, n'accusez que son franc-parler. Je connais de ces drôles qui, dans leur franchise, recèlent plus d'astuce et de pensées corrompues que vingt naïfs faiseurs de courbettes qui se confondent en hommages obséquieux.

KENT, *d'un ton doucereux*

Seigneur, en vérité, en toute sincérité, sous le bon plaisir de Votre Grandeur dont l'influence, comme l'auréole de flamme radieuse qui ondoie au front de Phébus...

CORNOUAILLES

Qu'entends-tu par là ?

KENT

Changer mon style, puisque vous le désapprouvez si fort. Je le reconnais, monsieur, je ne suis pas un flatteur ; mais celui qui vous a trompé avec l'accent de la franchise était un franc coquin ; ce que, pour ma part, je ne serai jamais, quand l'espoir d'apaiser votre déplaisir m'inviterait à l'être.

CORNOUAILLES, *à Oswald*

Quelle offense lui avez-vous faite?

OSWALD

Aucune. Il plut naguère au roi son maître de me frapper dans un malentendu. Cet homme lui prêta main-forte, et, flattant son emportement, me culbuta par-derrière; dès que je fus à bas, il m'insulta, m'injuria, fit maintes prouesses qui le distinguèrent, et obtint les éloges du roi pour cet attentat sur un homme sans défense. Tout à l'heure, dans l'exaltation de cet auguste exploit, il a même tiré l'épée contre moi.

KENT

Il n'est pas un de ces chenapans et de ces lâches près de qui Ajax ne soit un couard!

CORNOUAILLES

Holà! qu'on aille chercher les ceps!... Vieux coquin têtu, vénérable effronté, nous vous apprendrons...

KENT

Monsieur, je suis trop vieux pour apprendre : ne mettez pas vos ceps en réquisition pour moi. Je sers le roi; c'est par ses ordres que j'ai été envoyé près de vous. Ce serait témoigner peu de respect et montrer une malveillance par trop insolente pour la gracieuse personne de mon maître, que de mettre aux ceps son messager.

CORNOUAILLES

Qu'on aille chercher les ceps! Sur ma vie et mon honneur! il y restera jusqu'à midi.

RÉGANE

Jusqu'à midi!... jusqu'à ce soir, milord, et toute la nuit encore.

KENT

Mais, madame, si j'étais le chien de votre père, vous ne me traiteriez pas ainsi.

RÉGANE

Je traite ainsi sa valetaille. *(On apporte des ceps.)*

CORNOUAILLES

C'est un drôle du même acabit que ceux dont parle notre sœur... Allons! approchez les ceps.

GLOUCESTER

Laissez-moi supplier Votre Grâce de n'en rien faire. Sa faute est grave, et le bon roi son maître saura l'en punir. La dégradante correction que vous lui infligez ne s'applique qu'aux plus vils et aux plus méprisés des misérables, pour des vols et de vulgaires délits. Le roi trouvera nécessairement mauvais qu'on l'ait humilié dans son messager, en le soumettant à une pareille contrainte.

CORNOUAILLES

Je réponds de tout.

RÉGANE

Ma sœur pourra trouver plus mauvais encore que son gentilhomme ait été insulté et maltraité dans l'accomplissement de ses ordres. *(Aux valets.)* Entravez-lui les jambes. *(On met Kent dans les ceps. À Cornouailles.)* Allons ! mon cher seigneur, partons. *(Tous sortent, excepté Gloucester et Kent.)*

GLOUCESTER, *à Kent*

Ami, j'en suis fâché pour toi. C'est le bon plaisir du duc ; et son humeur, tout le monde le sait, n'admet ni froissement ni obstacle... J'intercéderai pour toi.

KENT

De grâce ! n'en faites rien, monsieur. J'ai veillé et parcouru une longue route ; je dormirai une partie du temps, et je sifflerai le reste. *(D'un ton amer.)* La fortune d'un honnête homme peut bien avoir ces ailes-là aux talons. Je vous souhaite le bonjour.

GLOUCESTER

Le duc est à blâmer pour cela : ce sera mal pris. *(Il sort. L'aurore se lève.)*

KENT, *seul*

Bon roi, faut-il donc que tu justifies le dicton populaire, et que tu passes d'un ciel tolérable sous un soleil brûlant ! *(Il tire un papier et le déploie.)* Rapproche-toi, fanal de ce globe inférieur, qu'avec le secours de tes rayons je puisse lire cette lettre !... Il ne se fait guère de miracles que pour la détresse... C'est de Cordélia, je suis sûr : elle a été fort heureusement informée de mon travestissement, et elle prendra occasion des énormités qui s'accomplissent, pour apporter à tous les maux leurs remèdes. *(Il resserre le papier.)* Vous qu'ont épuisés les veilles, ô mes yeux, profitez de votre accablement pour ne pas voir cette ignoble logette. Bonne nuit, fortune ! souris encore une fois et fais tourner ta roue. *(Il s'endort.)*

SCÈNE III

Une bruyère.

Entre EDGAR.

EDGAR

J'ai entendu la proclamation lancée contre moi ; et, grâce au creux d'un arbre, j'ai esquivé les poursuites. Pas un port qui ne soit fermé ; pas une place où il n'y ait une vedette, où la plus rigoureuse vigilance ne cherche à me surprendre ! Tant que je puis échapper, je suis sauvé... J'ai pris le parti d'assumer la forme la plus abjecte et la plus pauvre à laquelle la misère ait jamais ravalé l'homme pour le rapprocher de la brute. Je veux grimer mon visage avec de la fange, ceindre mes reins d'une couverture, avoir tous les cheveux noués comme par un sortilège ; je veux, en leur présentant ma nudité, braver les vents et les persécutions du ciel. Le pays m'offre pour modèles ces mendiants de Bedlam qui, en poussant des rugissements, enfoncent dans la chair nue de leurs bras inertes et gangrenés des épingles, des échardes de bois, des clous, des brindilles de romarin, et, sous cet horrible aspect, extorquent la charité des pauvres fermes, des petits villages, des bergeries et des moulins, tantôt par des imprécations de lunatiques, tantôt par des prières... Je suis le pauvre Turlupin ! le pauvre Tom ! C'est quelque chose... Edgar n'est plus rien. *(Il sort.)*

SCÈNE IV

Devant le château de Gloucester.

KENT *est toujours dans les ceps. Entrent* LEAR, LE FOU, UN GENTILHOMME.

LEAR

Il est étrange qu'ils soient ainsi partis de chez eux sans me renvoyer mon messager.

LE GENTILHOMME

J'ai su que la nuit précédente ils n'avaient aucune intention de s'éloigner.

KENT

Salut à toi, noble maître !

LEAR

Quoi ! Te fais-tu un passe-temps de cette ignominie ?

KENT

Non, monseigneur.

LE FOU

Ha ! ha ! vois donc ! il porte là de cruelles jarretières ! Les chevaux s'attachent par la tête, les chiens et les ours par le cou, les singes par les reins, et les hommes par les jambes : quand un homme est trop gaillard de ses jambes, alors il porte des chausses de bois.

LEAR

Et qui donc a méconnu ton rang jusqu'à te mettre là ?

KENT

C'est lui et elle, votre fils et votre fille.

LEAR

Non.

KENT

Si fait.

LEAR

Non, te dis-je.

KENT

Je vous dis que oui.

LEAR

Non, non ! ils ne feraient pas cela.

KENT

Oui, ils l'ont fait.

LEAR

Par Jupiter ! je jure que non.

KENT

Par Junon ! je jure que oui.

LEAR

Ils n'auraient pas osé le faire ; ils n'auraient pas pu, ils n'auraient pas voulu le faire. C'est pis qu'un assassinat de faire au respect un si violent outrage. Réponds-moi avec toute la promptitude raisonnable : comment as-tu pu mériter, comment as-tu pu subir un pareil traitement, venant de notre part?

KENT

Seigneur, je venais d'arriver chez eux et de leur remettre la lettre de Votre Altesse; avant même que j'eusse redressé l'attitude de mon hommage agenouillé, est survenu un courrier fumant et ruisselant de sueur; à demi essoufflé, il a balbutié les compliments de Goneril sa maîtresse, et a présenté une lettre que, sans souci de mon message, ils ont lue immédiatement. Sur son contenu, ils ont réuni leurs gens, sont vite montés à cheval, m'ont commandé de les suivre et d'attendre le loisir de leur réponse, en me jetant un regard glacial. Ici, j'ai rencontré le messager dont l'ambassade avait empoisonné la mienne : c'est ce même drôle qui, dernièrement, s'est montré si insolent envers Votre Altesse. Écoutant mon sentiment plus que ma réflexion, j'ai dégainé; le lâche a par ses hauts cris mis en émoi toute la maison. Votre fils et votre fille ont trouvé cette infraction digne de l'humiliation qu'elle subit ici.

LE FOU

L'hiver n'est pas encore fini, si les oies sauvages volent dans cette direction.

Les pères qui portent guenilles
Font aveugles leurs enfants;
Mais les pères qui portent sacs
Verront tendres leurs enfants.
Fortune, cette fieffée putain,
Jamais n'ouvre sa porte au pauvre.

Bah! après tout, tu auras de tes filles plus de douleurs que tu ne pourrais compter de dollars en un an!

LEAR

Oh! comme cette humeur morbide monte à mon cœur! *Historica passio!* Arrière, envahissante mélancolie, c'est plus bas qu'est ton élément!... Où est-elle, cette fille?

KENT

Avec le comte, ici dans le château.

LEAR

Ne me suivez pas. Restez ici.

Il entre dans le château.

LE GENTILHOMME, *à Kent*

N'avez-vous pas commis d'autre offense que celle que vous venez de dire?

KENT

Aucune. Mais comment le roi vient-il avec un si mince cortège?

LE FOU

Si tu avais été mis aux ceps pour cette question-là, tu l'aurais bien mérité.

KENT

Pourquoi, fou?

LE FOU

Nous t'enverrons à l'école chez la fourmi, pour t'apprendre qu'il y a chômage en hiver. Tous ceux qui suivent leur nez sont dirigés par leurs yeux, excepté les aveugles; et entre vingt aveugles il n'est pas un nez qui ne flaire l'homme qui pue... Lâche la grande roue, si elle roule en bas de la côte : tu te romprais le cou en la suivant; mais si elle remonte la côte, fais-toi remorquer par elle. Quand un sage te donnera un meilleur conseil, rends-moi le mien. Je veux qu'il n'y ait que des coquins à le suivre, puisque c'est un fou qui le donne.

Celui qui sert par intérêt, messire,
Et n'est attaché que pour la forme,
Pliera bagage dès qu'il pleuvra,
Et te laissera dans l'orage.

Mais, moi, je demeurerai : le fou veut rester.
Et laisser le sage s'enfuir.
Coquin devient le fou qui s'esquive;
Et fou, pardi! n'est pas le coquin.

KENT

Où avez-vous appris ça, fou?

LE FOU

Pas dans les ceps, fou!

Rentre Lear, accompagné de Gloucester.

LEAR

Refuser de me parler! Ils sont malades! Ils sont fatigués! Ils ont fait une longue route cette nuit! Purs prétextes, faux-fuyants de la révolte et de la désertion! Rapportez-moi une meilleure réponse.

GLOUCESTER

Mon cher seigneur, vous connaissez la nature bouillante du duc, combien il est inébranlable et déterminé dans sa résolution.

LEAR

Vengeance ! peste ! mort ! confusion ! Il s'agit bien de bouillante nature ! Eh ! Gloucester ! Gloucester ! je veux parler au duc de Cornouailles et à sa femme.

GLOUCESTER

Mais, mon bon seigneur, je viens de les en informer.

LEAR

Les en informer !... Çà, me comprends-tu, l'homme ?

GLOUCESTER

Oui, mon bon seigneur.

LEAR

Le roi veut parler à Cornouailles ; le père chéri veut parler à sa fille et réclame ses services. Sont-ils informés de cela ?... Souffle et sang !... Bouillant ! le duc bouillant !... Dis à ce duc ardent que... mais non, pas encore !... Il se peut qu'il ne soit pas bien : la maladie a toujours négligé les devoirs auxquels s'astreint la santé. Nous ne sommes plus nous-mêmes, quand la nature accablée force l'esprit à souffrir avec le corps. Je prendrai patience. J'en veux à mon impétueuse opiniâtreté de prendre la boutade morbide d'un malade pour la décision d'une saine volonté... Mort de ma vie ! *(Regardant Kent.)* Pourquoi est-il assis là ? Cet acte me prouve que la réclusion du duc et de ma fille n'est qu'un artifice. *(Haussant la voix.)* Qu'on me rende mon serviteur ! *(À Gloucester.)* Allez dire au duc et à sa femme que je veux leur parler. Vite, sur-le-champ ! Dites-leur de venir m'entendre, ou j'irai à leur porte battre le tambour, jusqu'à ce que mes cris tuent leur sommeil !

GLOUCESTER

Je voudrais tout arranger entre vous. *(Il sort.)*

LEAR

Oh ! mon cœur !... Mon cœur se soulève !... Allons ! à bas !

LE FOU

Crie-lui, m'n oncle, ce que la ménagère criait aux anguilles, au moment où elle les mettait toutes vives dans la pâte. Elle leur frappait la tête avec une baguette en criant : « À bas, coquines, à bas ! »

C'est le frère de celle-là qui, par pure bonté pour son cheval, lui beurrait son foin.

Entrent Cornouailles, Régane, Gloucester et leur suite.

LEAR

Bonjour à tous deux!

CORNOUAILLES

Salut à Votre Grâce! *(On met Kent en liberté.)*

RÉGANE

Je suis heureuse de voir Votre Altesse.

LEAR

Je le crois, Régane, je sais que de raisons j'ai pour le croire. Si tu n'en étais pas heureuse, je divorcerais avec la tombe de ta mère, sépulcre d'une adultère. *(À Kent.)* Ah! vous voilà libre! Nous parlerons de cela dans un autre moment... Bien-aimée Régane, ta sœur est une méchante... Ô Régane, elle a attaché ici, comme un vautour, sa dévorante ingratitude. *(Il met la main sur son cœur.)* Je puis à peine te parler... Tu ne saurais croire avec quelle perversité... Ô Régane!

RÉGANE

Je vous en prie, sire, prenez patience. Vous êtes, je l'espère, plus apte à méjuger son mérite qu'elle ne l'est à manquer au devoir.

LEAR

Eh! qu'est-ce à dire?

RÉGANE

Je ne puis croire que ma sœur ait en rien failli à ses obligations. Si par hasard, sire, elle a réprimé les excès de vos gens, c'est pour des motifs et dans un but si légitimes qu'elle est pure de tout blâme.

LEAR

Ma malédiction sur elle!

RÉGANE

Oh! sire, vous êtes vieux. La nature en vous touche à la limite extrême de sa carrière : vous devriez vous laisser gouverner et mener par quelque discrète tutelle, mieux instruite de votre état que vous-même. Aussi, je vous en prie, retournez auprès de ma sœur, et dites-lui que vous avez eu tort, sire.

Lear

Moi, lui demander pardon ! Voyez donc comme ce langage ferait honneur à une famille : « Chère fille, je confesse que je suis vieux ; la vieillesse est parasite ; je demande à genoux que vous daigniez m'accorder le vêtement, le lit et la nourriture. »

Régane

Bon sire, assez ! Ce sont des plaisanteries peu gracieuses. Retournez près de ma sœur.

Lear

Jamais, Régane. Elle a restreint ma suite de moitié, m'a jeté de sombres regards, et m'a frappé au fond du cœur de sa langue de serpent. Que toutes les vengeances accumulées du ciel tombent sur sa tête ingrate ! Frappez ses jeunes os de paralysie, souffles néfastes !

Cornouailles

Fi ! sire ! fi !

Lear

Vous, éclairs agiles, dardez vos aveuglantes flammes dans ses yeux dédaigneux ! Empoisonnez sa beauté, vapeurs aspirées des marais par le puissant soleil, et flétrissez sa vanité !

Régane

Ô dieux propices ! Vous ferez les mêmes vœux pour moi, dans un accès de colère !

Lear

Non, Régane ; jamais tu n'auras ma malédiction. Ta nature palpitante de tendresse ne t'abandonnera pas à la dureté. Son regard est féroce mais le tien ranime et ne brûle pas. Ce n'est pas toi qui voudrais lésiner sur mes plaisirs, mutiler ma suite, me lancer de brusques paroles, réduire mon train, et, pour conclusion, opposer les verrous à mon entrée. Tu connais trop bien les devoirs de la nature, les obligations de l'enfance, les règles de la courtoisie, les exigences de la gratitude ; tu n'as pas oublié cette moitié de royaume dont je t'ai dotée.

Régane

Bon sire, venez au fait. *(Bruit de trompettes.)*

Lear

Qui donc a mis mon homme aux ceps ?

Cornouailles

Quelle est cette fanfare ?

Entre Oswald.

RÉGANE

Je la reconnais, c'est celle de ma sœur. Sa lettre annonçait en effet qu'elle serait bientôt ici. *(À Oswald.)* Votre maîtresse est-elle arrivée?

LEAR

Voilà un maraud dont la fierté d'emprunt s'étaye sur la capricieuse faveur de celle qu'il sert... Hors de ma vue, valet!

CORNOUAILLES

Que veut dire Votre Grâce?

LEAR

Qui a mis aux ceps mon serviteur? Régane, j'aime à croire que tu n'en savais rien... Qui vient ici?

Entre Goneril.

Ô cieux, si vous aimez les vieillards, si votre doux pouvoir encourage l'obéissance, si vous-mêmes êtes vieux, faites de cette cause la vôtre, lancez vos foudres, et prenez mon parti! *(À Goneril.)* Peux-tu regarder cette barbe sans rougir?... Ô Régane, tu consens à la prendre par la main?

GONERIL

Et pourquoi pas, monsieur? En quoi suis-je coupable? N'est pas coupable tout ce que réprouve l'irréflexion et condamne la caducité.

LEAR

Ô mes flancs, vous êtes trop tenaces! Quoi! vous résistez encore!... Comment se fait-il qu'un de mes familiers ait été mis aux ceps?

CORNOUAILLES

C'est moi qui l'y ai mis, monsieur; mais ses méfaits ne méritaient certes pas tant d'honneur.

LEAR

Vous! Quoi! c'est vous!

RÉGANE

Je vous en prie, père, résignez-vous à votre faiblesse. Si, jusqu'à l'expiration de ce mois, vous voulez retourner et séjourner chez ma sœur, après avoir congédié la moitié de votre suite, venez me trouver alors. Je suis pour le moment hors de chez moi, et je n'ai pas fait les préparatifs indispensables pour vous recevoir.

LEAR

Retourner chez elle ! cinquante de mes gens congédiés ! Non ! Je préférerais abjurer tout abri, lutter contre l'inimitié de l'air, être le camarade du loup et de la chouette, poignantes rigueurs de la nécessité... Retourner près d'elle ! Ah ! bouillant roi de France, qui as pris sans dot notre plus jeune fille, j'aimerais autant m'agenouiller devant ton trône et mendier de toi la pension d'un écuyer pour soutenir ma servile existence !... Retourner près d'elle ! Conseille-moi plutôt de me faire l'esclave et la bête de somme de ce détestable valet ! *(Il montre Oswald.)*

GONERIL

À votre guise, monsieur !

LEAR

Je t'en prie, ma fille, ne me rends pas fou ! Je ne veux plus te troubler, mon enfant ; adieu ! Nous ne nous rencontrerons plus, nous ne nous reverrons plus. Et pourtant tu es ma chair, mon sang, ma fille, ou plutôt tu es dans ma chair une plaie, que je suis forcé d'appeler mienne ! Tu es un clou, un ulcère empesté, un anthrax tuméfié dans mon sang corrompu ! Mais je ne veux pas te gronder. Que la confusion vienne quand elle voudra ; je ne l'appellerai pas. Je ne veux pas sommer le porte-foudre de te frapper, ni te dénoncer au souverain juge Jupiter. Réforme-toi quand tu pourras, deviens meilleure à ton loisir. Je puis prendre patience ; je puis rester chez Régane, moi et mes cent chevaliers.

RÉGANE

Pas tout à fait, monsieur. Je ne vous attendais pas encore, et ne suis pas préparée pour vous recevoir convenablement. Écoutez ma sœur, monsieur ; car ceux qui font contrôler votre passion par la raison doivent se borner à croire que vous êtes vieux et conséquemment... Mais Goneril sait ce qu'elle fait.

LEAR

Est-ce donc là bien parler ?

RÉGANE

J'ose l'affirmer, monsieur. Quoi ! cinquante écuyers, n'est-ce pas assez ? Qu'avez-vous besoin de plus, ou même d'autant ? La dépense, le danger, tout parle contre un si nombreux cortège. Comment, dans une seule maison, sous deux autorités, tant de gens peuvent-ils vivre d'accord ? C'est difficile, presque impossible.

GONERIL

Et ne pourriez-vous pas, milord, être servi par ses domestiques en titre ou par les miens ?

RÉGANE

Pourquoi pas, milord ? Si alors il leur arrivait de vous négliger, nous pourrions y mettre ordre... Si vous voulez venir chez moi (car à présent j'aperçois le danger), je vous prie de n'en amener que vingt-cinq. À un plus grand nombre je refuse de donner place ou hospitalité.

LEAR

Moi, je vous ai tout donné.

RÉGANE

Et il était grand temps.

LEAR

J'ai fait de vous mes gardiennes, mes déléguées, mais en réservant pour ma suite un nombre fixe de serviteurs. Quoi ! il faut qu'en venant chez vous je n'en aie que vingt-cinq ! Régane, avez-vous dit cela ?

RÉGANE

Et je le répète, milord : pas un de plus chez moi !

LEAR, *regardant Goneril, puis Régane*

Ces méchantes créatures ont encore l'air bon à côté de plus méchantes. N'être pas ce qu'il y a de pire, c'est encore être au niveau d'un éloge. *(À Goneril.)* J'irai avec toi. Les cinquante que tu accordes sont le double de ses vingt-cinq, et ton amour vaut deux fois le sien.

GONERIL

Écoutez-moi, milord. Qu'avez-vous besoin de vingt-cinq personnes, de dix, de cinq, pour vous suivre dans une maison où un domestique deux fois aussi nombreux a ordre de vous servir ?

RÉGANE

Qu'avez-vous besoin d'un seul ?

LEAR

Oh ! ne raisonnez pas le besoin. Nos plus vils mendiants trouvent le superflu dans la plus pauvre chose. N'accordez à la nature que ce dont la nature a besoin, et l'homme vit au même prix que la brute. Tu es une grande dame : eh bien ! si l'unique luxe était de se tenir chaudement, qu'aurait besoin la nature de cette luxueuse parure qui te tient chaud à peine? Mais, quant au vrai besoin... Ciel, accorde-moi la patience : c'est de patience que j'ai besoin! Vous voyez ici, ô dieux, un pauvre vieillard accablé, double misère! par la douleur et par les années. Si c'est vous qui soulevez les cœurs de ces filles contre leur père, ne m'affolez pas au point que je l'endure placidement; animez-moi d'une noble colère. Oh! ne laissez pas les pleurs, ces armes de femme, souiller mes joues mâles!... Non!... Stryges dénaturées, je veux tirer de vous deux une telle vengeance que le monde entier... Je veux faire des choses... Ce qu'elles seront, je ne le sais pas encore; mais elles feront l'épouvante de la terre. Vous croyez que je vais pleurer. Non, je ne pleurerai pas. J'ai certes sujet de pleurer; mais ce cœur se brisera en cent mille éclats avant que je pleure... Ô bouffon, je deviendrai fou! *(Sortent Lear, Gloucester, Kent et le fou.)*

CORNOUAILLES

Retirons-nous, il va faire de l'orage. *(Bruit lointain d'un orage.)*

RÉGANE

Ce manoir est petit; le vieillard et ses gens ne sauraient s'y loger à l'aise.

GONERIL

C'est sa faute : il s'est lui-même privé d'asile; il faut qu'il souffre de sa folie.

RÉGANE

Pour lui personnellement, je le recevrais volontiers, mais pas un seul de ses gens.

GONERIL

C'est aussi ma résolution. Où est milord de Gloucester?

CORNOUAILLES

Il a accompagné le vieillard...

Gloucester revient.

Mais le voici de retour.

GLOUCESTER

Le roi est dans une rage violente.

CORNOUAILLES

Où va-t-il?

GLOUCESTER

Il commande les chevaux, mais je ne sais où il va.

CORNOUAILLES

Le mieux est de le laisser faire... Qu'il se dirige !

GONERIL, *à Gloucester*

Milord, ne le pressez nullement de rester.

GLOUCESTER

Hélas ! la nuit vient, et les vents glacés se déchaînent furieusement. À plusieurs milles à la ronde, il y a à peine un fourré.

RÉGANE

Ah ! messire, aux hommes obstinés les injures qu'eux-mêmes s'attirent doivent servir de leçon... Fermez vos portes : il a pour escorte des forcenés, et les excès auxquels il peut être entraîné par eux, lui dont l'oreille est facilement abusée, doivent mettre en garde la prudence.

CORNOUAILLES

Fermez vos portes, milord ; il fait une horrible nuit. Ma Régane vous donne un bon conseil. Dérobons-nous à l'orage. *(Ils sortent.)*

ACTE III

SCÈNE PREMIÈRE

Aux environs du château de Gloucester.

Tempête avec éclairs et tonnerre. KENT et UN CHEVALIER *se rencontrent.*

KENT

Qui est là, par cet affreux temps?

LE CHEVALIER

Un homme dont l'âme est aussi tourmentée que le temps.

KENT

Je vous reconnais. Où est le roi?

LE CHEVALIER

En lutte avec les éléments courroucés : il somme le vent de lancer la terre dans l'Océan, ou d'élever au-dessus du continent les vagues dentelées, en sorte que tout change ou périsse. Il arrache ses cheveux blancs, que les impétueuses rafales, avec une aveugle rage, emportent dans leur furie et mettent à néant. Dans son petit monde humain, il cherche à dépasser en violence le vent et la pluie entrechoqués. Dans cette nuit où l'ourse aux mamelles taries reste dans son antre, où le lion et le loup, mordus par la faim, tiennent leur fourrure à l'abri, il court la tête nue et invoque la destruction.

KENT

Mais qui est avec lui?

LE CHEVALIER

Nul autre que le fou, qui s'évertue à couvrir de railleries les injures dont souffre son cœur.

KENT

Je vous connais, monsieur, et j'ose, sur la foi de mon diagnostic, vous confier une chose grave. La division existe, bien que cachée encore sous le masque d'une double dissimulation, entre Albany et Cornouailles. Ils ont (comme tous ceux que leur haute étoile a exaltés sur un trône) des serviteurs non moins dissimulés qu'eux-mêmes. Parmi ces gens-là, le roi de France a des espions qui, observateurs intelligents de notre situation, lui ont révélé ce qu'ils ont vu, les intrigues hostiles des ducs, le dur traitement que tous deux ont infligé au vieux roi, et le mal profond dont tous ces faits ne sont peut-être que les symptômes. Ce qui est certain, c'est qu'une armée française arrive dans ce royaume divisé. Déjà, forte de notre incurie, elle a secrètement débarqué dans plusieurs de nos meilleurs ports, et elle est sur le point d'arborer ouvertement son étendard... Maintenant je m'adresse à vous. Si vous avez confiance en moi, partez vite pour Douvres ; vous y trouverez quelqu'un qui vous remerciera, quand vous aurez fait le fidèle récit des souffrances surhumaines et folles dont le roi a à gémir. Je suis un gentilhomme de race et d'éducation, et c'est en connaissance de cause que je vous propose cette mission.

LE CHEVALIER

Nous en reparlerons.

KENT

Non, assez de paroles ! Pour vous convaincre que je suis plus que je ne parais, ouvrez cette bourse, et prenez ce qu'elle contient. Si vous voyez Cordélia, et je ne doute pas que vous ne la voyiez, montrez-lui cet anneau ; elle vous dira ce que vous ne savez pas, le nom de votre compère... Maudite tempête ! Je vais chercher le roi.

LE CHEVALIER

Donnez-moi votre main. N'avez-vous rien à ajouter ?

KENT

Il me reste peu à dire, mais à faire plus que je n'ai fait encore. Tâchons de trouver le roi ; cherchez par ici, moi par là. Le premier qui le découvrira appellera l'autre. *(Ils se séparent.)*

SCÈNE II

Une bruyère.

Il fait nuit. La tempête continue. Entrent LEAR *et* LE FOU.

LEAR

Vents, soufflez à crever vos joues ! faites rage ! soufflez ! Cataractes et ouragans, dégorgez-vous jusqu'à ce que vous ayez submergé nos clochers et noyé leurs coqs ! Vous, éclairs sulfureux, actifs comme l'idée, avant-coureurs de la foudre qui fend les chênes, venez roussir ma tête blanche ! Et toi, tonnerre exterminateur, écrase le globe massif du monde, brise les moules de la nature et détruis en un instant tous les germes qui font l'ingrate humanité.

LE FOU

Ô m'n oncle, de l'eau bénite de cour dans une maison bien sèche vaudrait mieux que cette pluie en plein air. Rentre, bon oncle, et demande la charité à tes filles. Voilà une nuit qui n'épargne ni sages ni fous. *(Coups de foudre.)*

LEAR, *les yeux au ciel*

Gronde de toutes tes entrailles!... Crache, flamme; jaillis, pluie! Pluie, vent, foudre, flamme, vous n'êtes point mes filles : ô vous, éléments, je ne vous taxe pas d'ingratitude! jamais je ne vous ai donné de royaume, je ne vous ai appelés mes enfants! vous ne me devez pas obéissance! laissez donc tomber sur moi l'horreur à plaisir : me voici votre souffre-douleur, pauvre vieillard infirme, débile et méprisé... Mais non... je vous déclare serviles ministres, vous qui, ligués avec deux filles perfides, lancez les légions d'en haut contre une tête si vieille et si blanche! Oh! oh! c'est affreux.

LE FOU

Quiconque a une maison où fourrer sa tête a un bon couvre-chef. *(Il chante.)*

Celui qui met sa braguette en lieu sûr
Avant d'y mettre sa tête,
Attrapera vite les poux
Qu'épouse le mendiant.
L'homme qui fait pour son orteil
Ce qu'il devrait faire pour son cœur,
Se plaindra vite d'un cor
Et changera son sommeil en veille.

Car il n'y a jamais eu de jolie femme qui n'ait fait des mines devant un miroir.

Entre Kent.

LEAR

Non, je veux être le modèle de toute patience, je ne veux plus rien dire.

KENT

Qui est là?

LE FOU

Morbleu! une majesté et une braguette, c'est-à-dire un sage et un fou.

KENT

Hélas ! sire, vous ici ! Les êtres qui aiment la nuit n'aiment pas de pareilles nuits. Les cieux en fureur éprouvent jusqu'aux rôdeurs des ténèbres et les enferment dans leur antre. Depuis que je suis homme, je ne me rappelle pas avoir vu de tels jets de flamme, entendu d'aussi effrayantes explosions de tonnerre, de tels gémissements de vent et de pluie. La nature de l'homme ne saurait supporter pareil déchaînement ni pareille horreur.

LEAR

Que les dieux grands, qui suspendent au-dessus de nos têtes ce terrible fracas, distinguent maintenant leurs ennemis ! Tremble, misérable qui recèles en toi des crimes non divulgués, non flagellés par la justice ! Cache-toi, main sanglante, et toi, parjure, et toi, incestueux, qui simules la vertu ! Tremble à te briser, infâme, qui, sous le couvert d'une savante hypocrisie, attentas à la vie de l'homme ! Forfaits mis au secret, forcez vos mystérieuses geôles et demandez grâce à ces terribles recors !... Moi, je suis plus victime que coupable.

KENT

Hélas ! tête nue !... Mon gracieux seigneur, près d'ici est une hutte, qui vous prêtera un secours contre la tempête. Allez vous y reposer, tandis que je me dirigerai vers cette dure maison, plus dure que la pierre dont elle est bâtie. Tout à l'heure encore, quand je vous y demandais, elle a refusé de me recevoir ; mais je vais y retourner et forcer son avare hospitalité.

LEAR

Mes esprits commencent à s'altérer... *(Au fou.)* Viens, mon enfant. Comment es-tu, mon enfant ? As-tu froid ? J'ai froid moi-même. *(À Kent.)* Où est ce chaume, mon ami ! La nécessité a l'art étrange de rendre précieuses les plus viles choses. Voyons votre hutte. Pauvre diable de fou, j'ai une part de mon cœur qui souffre aussi pour toi !

LE FOU

Celui qui a le plus léger bon sens,
Ô gué ! par la pluie et le vent,
Doit mesurer sa résignation à son sort,
Car la pluie tombe tous les jours.

LEAR

C'est vrai, enfant. *(À Kent.)* Allons ! mène-nous à cette hutte. *(Sortent Lear et Kent.)*

LE FOU

La belle nuit à refroidir une courtisane!... Je vais dire une prophétie avant de partir :

Quand les prêtres seront plus verbeux que savants,
Quand les brasseurs gâteront leur bière avec de l'eau,
Quand les nobles enseigneront le goût à leur tailleur,
Qu'il n'en cuira plus aux hérétiques, mais seulement aux coureurs
[de filles,
Quand tous les procès seront dûment jugés,
Quand il n'y aura plus d'écuyer endetté ni de chevalier pauvre,
Quand la calomnie n'aura plus de langue où se poser,
Que les coupe-bourses ne viendront plus dans les foules,
Quand les usuriers compteront leur or en plein champ,
Que maquereaux et putains bâtiront des églises,
Alors le royaume d'Albion
Tombera en grande confusion,
Alors viendra le temps où qui vivra verra
Les gens marcher sur leurs pieds.

Voilà la prophétie que Merlin fera un jour; car je vis avant son temps. *(Il sort.)*

SCÈNE III

Dans le château de Gloucester.

GLOUCESTER

Hélas! hélas! Edmond, je n'aime pas cette conduite dénaturée. Quand je leur ai demandé la permission de le prendre en pitié, ils m'ont retiré le libre usage de ma propre maison, et, sous peine de leur perpétuel déplaisir, m'ont défendu de parler de lui, d'intercéder pour lui, et de lui prêter aucun appui.

EDMOND

Que cela est sauvage et dénaturé!

GLOUCESTER

Allez! ne dites rien. Il y a division entre les ducs, et il y a pis que cela. J'ai reçu ce soir une lettre... Il est dangereux seulement d'en parler... Cette lettre, je l'ai serrée dans mon cabinet. Les injures que le roi essuie maintenant seront pleinement vengées; déjà une armée est en partie débarquée. Nous devons tenir pour le roi. Je vais le chercher et le secourir secrètement. Allez, vous, tenir conversation avec le duc, qu'il ne s'aperçoive pas de ma charité. S'il

me demande, je suis malade et au lit. Dussé-je subir la mort dont on m'a menacé, le roi, mon vieux maître, doit être secouru. Quelque étrange événement se prépare, Edmond. Je vous en prie, soyez circonspect.
(Il sort.)

EDMOND

Cette courtoisie qui t'est interdite, je vais sur-le-champ en parler au duc, ainsi que de cette lettre... Ce beau service prétendu me fera gagner ce que mon père va perdre, oui, tout ce qu'il possède. Les jeunes s'élèvent quand les vieux tombent. *(Il sort.)*

SCÈNE IV

Sur la bruyère. Devant une hutte.

La tempête continue. Entrent LEAR, KENT *et* LE FOU.

KENT, *montrant la hutte*

Voici l'endroit, monseigneur : mon bon seigneur, entrez. La tyrannie à plein ciel de la nuit est trop rude pour qu'une créature puisse la supporter.

LEAR, *la main sur son cœur*

Laissez-moi.

KENT

Mon bon seigneur, entrez ici.

LEAR

Veux-tu me rompre le cœur ?

KENT

Je me romprais plutôt le mien... Mon bon seigneur, entrez.

LEAR

Tu trouves bien pénible que ce furieux orage nous pénètre jusqu'aux os ; c'est pénible pour toi ; mais là où s'est fixée la plus grande douleur, la moindre est à peine sentie. Tu fuirais un ours ; mais, si ta fuite t'entraînait vers la mer rugissante, tu te retournerais sur la gueule de l'ours. Quand l'âme est sereine, le corps est délicat. La tempête qui est dans mon âme m'empêche de sentir toute autre émotion que celle qui retentit là... L'ingratitude filiale ! n'est-ce pas comme si la bouche déchirait la main qui lui apporte les aliments ?... Mais je veux une punition exemplaire... Non, je ne veux plus pleurer... Par une nuit pareille me retenir dehors! *(Les yeux au ciel.)* Tombe à verse, j'endurerai tout... Par une nuit pareille!... Ô Régane! Goneril!... Votre bon vieux père dont le généreux cœur vous a tout donné!... Oh! la folie est sur cette pente : évitons-la... Assez!

KENT, *montrant la hutte*

Mon bon seigneur, entrez ici.

LEAR

Je t'en prie, entre toi-même; cherche tes propres aises. Cette tempête me permet de ne pas m'appesantir sur des choses qui me feraient plus de mal!... Mais, soit! entrons. *(Au fou.)* Va! enfant, entre le premier... Ô détresse sans asile!... Allons! entre... Moi, je vais prier, et puis dormir. *(Le fou entre dans la hutte.)* Pauvres indigents tout nus, où que vous soyez, vous que ne cesse de lapider cet impitoyable orage, têtes inabritées, estomacs inassouvis, comment, sous vos guenilles trouées et percées à jour, vous défendez-vous contre des temps pareils? Oh! j'ai pris trop peu de souci de cela... Luxe, essaie du remède : expose-toi à souffrir ce que souffrent les misérables, pour savoir ensuite leur émietter ton superflu et leur montrer des cieux plus justes.

EDGAR, *de l'intérieur de la hutte*

Une brasse et demie! une brasse et demie!... Pauvre Tom! *(Le fou s'élance effaré hors de la cabane.)*

LE FOU

N'entre pas là, m'n oncle : il y a un esprit. À l'aide! à l'aide!

KENT

Donne-moi ta main. Qui est là?

LE FOU

Un esprit, un esprit : il dit qu'il s'appelle pauvre Tom.

KENT, *à l'entrée de la hutte*

Qui es-tu, toi qui grognes là dans la paille? Sors.

Entre Edgar, vêtu avec le désordre d'un homme en démence.

EDGAR

Arrière! le noir démon me suit! À travers l'aubépine hérissée souffle le vent glacial. Humph! va donc te réchauffer sur un lit si froid.

LEAR

Tu as donc tout donné à tes deux filles, que tu en es venu là ?

EDGAR

Qui donne quelque chose au pauvre Tom ? Le noir démon l'a promené à travers feu et flamme, à travers gués et tourbillons, par les bourbiers et les fondrières ; il a placé des couteaux sous son oreiller, une hart sur son banc à l'église, a mis de la mort-aux-rats dans son potage ; il l'a rendu orgueilleux de cœur, et l'a fait chevaucher sur un trotteur bai, par des ponts larges de quatre pouces, à la poursuite de son ombre, prise pour un traître... Le ciel bénisse tes cinq sens !... Tom a froid. Oh ! doudi, doudi, doudi !... Le ciel te préserve des trombes, des astres néfastes et des maléfices !... Faites la charité au pauvre Tom que le noir démon tourmente. Tenez ! je pourrais l'attraper là, et là, et là, et là encore, et là ! *(L'orage continue.)*

LEAR

Quoi ! ses filles l'ont réduit à cet état !... N'as-tu pu rien garder ! Leur as-tu tout donné ?

LE FOU

Nenni ! il s'est réservé une couverture, autrement toutes nos pudeurs auraient été choquées.

LEAR

Eh bien ! que tous les fléaux qui dans l'air ondoyant planent fatidiques au-dessus des fautes humaines tombent sur tes filles !

KENT

Il n'a pas de filles, sire.

LEAR

À mort, imposteur ! Rien n'a pu ravaler une créature à une telle abjection, si ce n'est l'ingratitude de ses filles. Est-ce donc la mode que les pères reniés obtiennent si peu de pitié de leur propre chair ? Juste châtiment ! c'est de cette chair qu'ont été engendrées ces filles de pélican.

EDGAR

Pillicock était assis sur le mont Pillicock... Halloo, halloo, loo, loo !

LE FOU

Cette froide nuit nous rendra tous fous et frénétiques.

EDGAR

Prends garde au noir démon, obéis à tes parents, tiens scrupuleusement ta parole, ne jure pas, ne te commets pas avec la compagne jurée du prochain, ne pare pas ta bien-aimée d'éclatants atours. Tom a froid.

LEAR

Qu'étais-tu jadis?

EDGAR

Un cavalier servant, fier de cœur et d'esprit! Je frisais mes cheveux, portais des gants à mon chapeau, servais l'ardente convoitise de ma maîtresse, et commettais l'acte de ténèbres avec elle; je proférais autant de serments que je disais de paroles, et les brisais à la face auguste du ciel; je m'endormais sur des projets de luxure et m'éveillais pour les accomplir. J'aimais le vin profondément, les dés chèrement; et pour la passion des femmes je dépassais le Turc. Cœur perfide, oreille avide, main sanglante; pourceau pour la paresse, renard pour le larcin, loup pour la voracité, chien pour la rage, lion pour ma proie!... Que le craquement d'un soulier, le bruissement de la soie, ne livrent pas à la femme ton pauvre cœur. Garde ton pied des bordels, ta main des gorgerettes, ta plume de l'usurier, et défie ensuite le noir démon... Toujours à travers l'aubépine souffle le vent glacial; il mugit: *suum, mun! hey! nonony!* Dauphin, mon gars, mon gars, arrête! Laissez-le filer. *(La tempête continue.)*

LEAR

Eh! mieux vaudrait pour toi être dans ta tombe qu'essuyer sur ton corps découvert les rigueurs de ce ciel... L'homme n'est donc rien de plus que ceci? Considérons-le bien. Tu ne dois pas au ver sa soie, à la bête sa fourrure, au mouton sa laine, à la civette son parfum. *(Montrant Kent et le fou.)* Ha! nous sommes ici trois êtres sophistiqués... Toi, tu es la créature même: l'homme au naturel n'est qu'un pauvre animal, nu et bifurqué comme toi. *(Il arrache ses vêtements.)* Loin, loin de moi, postiches!... Allons! soyons vrai!

LE FOU

Je t'en prie, m'n oncle, calme-toi: cette nuit est impropre à la natation... Pour le moment, un peu de feu dans cette plaine sauvage serait comme le cœur d'un vieux paillard: une faible étincelle dans un corps glacé du reste... Regardez! voici un feu follet.

EDGAR

C'est le noir démon Flibbertigibbet : il se meut au couvre-feu et rôde jusqu'au premier chant du coq ; il donne la cataracte et la taie, fait loucher, et frappe du bec-de-lièvre ; il moisit le froment blanc et moleste les pauvres créatures de la terre.

Saint Withold parcourut trois fois la dune,
Il rencontra l'incube et ses neuf familiers,
Lui dit de disparaître,
Et le lui fit jurer.
Arrière, sorcière, arrière !

KENT

Comment se trouve Votre Grâce ?

Arrive Gloucester, portant une torche.

LEAR

Quel est cet homme ?

KENT, *à Gloucester*

Qui est là ? Que cherchez-vous ?

GLOUCESTER

Qui êtes-vous, là ? Vos noms ?

EDGAR

Le pauvre Tom, celui qui mange la grenouille plongeuse, le crapaud, le têtard, le lézard de muraille et le lézard d'eau ; celui qui, dans la furie de son cœur, quand se démène le noir démon, mange la bouse de vache pour salade, dévore les vieux rats et les chiens noyés, avale l'écume verdâtre des marécages stagnants ; celui qui, d'étape en étape, est fouetté, mis aux ceps, puni et emprisonné, et qui pourtant a eu trois costumes pour son dos, six chemises pour son corps, un cheval entre ses jambes et une épée à son côté.

Mais les souris et les rats et toutes ces menues bêtes fauves
Ont été l'aliment de Tom pendant sept longues années.

Gare, mon persécuteur !... Paix, Smolkin ! Paix, démon !

GLOUCESTER, *à Lear*

Quoi ! Votre Grâce n'a pas de meilleure compagnie ?

EDGAR

Le prince des ténèbres est gentilhomme ; il a noms Modo et Mahu.

GLOUCESTER, *à Lear*

Notre chair et notre sang, milord, se sont tellement corrompus qu'ils détestent qui les engendre.

EDGAR

Pauvre Tom a froid.

GLOUCESTER, *à Lear*

Rentrez avec moi. Ma loyauté ne peut se résigner à obéir en tout aux ordres cruels de vos filles. Elles ont eu beau m'enjoindre de barrer mes portes et de vous laisser à la merci de cette nuit tyrannique; je me suis néanmoins aventuré à venir vous chercher, pour vous ramener là où vous trouverez du feu et des aliments.

LEAR, *montrant Edgar*

Laissez-moi d'abord causer avec ce philosophe. *(À Edgar.)* Quelle est la cause du tonnerre?

KENT

Mon bon seigneur, acceptez son offre : allez sous son toit.

LEAR

Je veux dire un mot à ce savant Thébain... Quelle est votre étude?

EDGAR

Dépister le démon et tuer la vermine.

LEAR

Laissez-moi vous demander une chose en particulier.

KENT, *à Gloucester*

Pressez-le encore une fois de partir, milord. Ses esprits commencent à se troubler.

GLOUCESTER

Peux-tu l'en blâmer? Ses filles veulent sa mort... Ah! ce bon Kent! Il avait dit qu'il en serait ainsi. Pauvre banni! Tu dis que le roi devient fou; je te le déclare, ami, je suis presque fou moi-même. J'avais un fils, que j'ai proscrit de ma race : il a attenté à ma vie, récemment, tout récemment. Je l'aimais, ami... Jamais fils ne fut plus cher à son père. À te dire vrai, la douleur a altéré mes esprits. *(L'orage continue.)* Quelle nuit! *(À Lear.)* Je conjure Votre Grâce...

LEAR

Oh! je vous demande pardon, messire. *(À Edgar.)* Noble philosophe, votre compagnie...

EDGAR

Tom a froid.

GLOUCESTER, *à Edgar*

Rentre, camarade! Là, à la hutte! Tiens-toi chaud.

LEAR

Allons, entrons-y tous.

KENT, *montrant la route du château*

Par ici, milord.

LEAR

Avec lui. Je ne veux pas me séparer de mon philosophe.

KENT, *à Gloucester*

Mon bon seigneur, cédez-lui : laissez-le emmener ce garçon.

GLOUCESTER, *à Lear*

Emmenez-le.

KENT

Allons! l'ami; viens avec nous.

LEAR

Viens, mon bon Athénien.

GLOUCESTER

Plus un mot, plus un mot! Silence!

EDGAR

L'enfant Roland à la tour noire arriva;
Sa langue était muette... Fi! pouah! hum!
Je flaire le sang d'un Breton.

(Ils sortent.)

SCÈNE V

Dans le château de Gloucester.

Entrent CORNOUAILLES, EDMOND *un papier à la main.*

CORNOUAILLES

J'aurai ma vengeance avant de quitter cette maison.

EDMOND

Je puis être blâmé, milord, pour faire céder ainsi la nature à la loyauté, et cette pensée m'inquiète.

CORNOUAILLES

Je le vois maintenant, ce n'est pas uniquement la disposition criminelle de votre frère qui l'a porté à attenter aux jours de son père : l'indignité de celui-ci ne provoquait que trop chez celui-là une blâmable perversité.

EDMOND

Que mon sort est cruel! Ne pouvoir être honnête sans remords!... Voici la lettre dont il parlait : elle prouve qu'il était l'agent des intérêts de la France. Plût aux cieux que cette trahison n'existât pas, ou que je n'en fusse pas le délateur!

CORNOUAILLES

Viens avec moi chez la duchesse.

EDMOND

Si la teneur de cette lettre est exacte, vous avez une sérieuse affaire sur les bras.

CORNOUAILLES

Vraie ou fausse, elle te fait comte de Gloucester. Cherche où est ton père, que nous n'ayons plus qu'à l'arrêter.

EDMOND, *à part*

Si je le trouve en train d'assister le roi, cela fortifiera les soupçons contre lui. *(Haut.)* Je persévérerai dans ma loyauté, si pénible que soit le conflit entre elle et mon sang.

CORNOUAILLES

Je veux mettre toute ma confiance en toi, et tu retrouveras dans mon amour la plus tendre affection d'un père. *(Ils sortent.)*

SCÈNE VI

Une salle dans un bâtiment attenant au château de Gloucester.

Entrent GLOUCESTER, LEAR, KENT, LE FOU *et* EDGAR.

GLOUCESTER

On est mieux ici qu'en plein air. Acceptez gracieusement cette hospitalité; j'en comblerai les lacunes par toutes les prévenances possibles. Je ne serai pas longtemps éloigné de vous.

KENT, *à Gloucester*

Toute l'énergie de sa raison a succombé à son désespoir. Que les dieux récompensent votre bonté! *(Sort Gloucester.)*

EDGAR

Frateretto m'appelle et me dit que Néron pêche dans le lac de ténèbres. Prie, innocent, et garde-toi du noir démon.

LE FOU

Je t'en prie, m'n oncle, dis-moi donc : un fou est-il gentilhomme ou bourgeois?

LEAR

Roi! roi!

LE FOU

Non! c'est un bourgeois qui a pour fils un gentilhomme; car fou est le bourgeois qui souffre que son fils soit gentilhomme avant lui.

LEAR

Oh! en avoir un millier qui, avec des broches rougies à blanc, fondraient en rugissant sur elles!

EDGAR

Le noir démon me mord le dos.

LE FOU

Fou encore est celui qui se fie à la douceur d'un loup, à la santé d'un cheval, à l'amour d'un gars, ou au serment d'une putain.

LEAR

C'est décidé : je vais les accuser immédiatement. *(À Edgar.)* Allons! assieds-toi ici, très savant justicier. *(Au fou.)* Et toi, docte sire, assieds-toi ici. *(Le fou s'assied.)* À vous maintenant, renardes!

EDGAR

Voyez quelle attitude et quelles œillades!... Veux-tu donc séduire tes juges, madame?

Viens à moi sur la rivière, Bessy.

LE FOU

Sa barque a une voie d'eau,
Et elle ne doit pas dire
Pourquoi elle n'ose venir à toi.

EDGAR

Le noir démon hante le pauvre Tom dans la voix d'un rossignol. Hopdance crie dans le ventre de Tom pour avoir deux harengs blancs. Cesse de croasser, ange noir : je n'ai rien à manger pour toi.

KENT, *au roi*

Comment êtes-vous, sire? Ne restez pas ainsi effaré. Voulez-vous vous coucher et reposer sur ces coussins?

LEAR

Je veux les voir juger d'abord... Qu'on amène les témoins! *(À Edgar.)* Toi, robin, prends ta place. *(Au fou.)* Et toi, son compère en équité, siège à côté de lui. *(À Kent.)* Vous êtes de la commission : asseyez-vous aussi.

EDGAR

Procédons avec justice.

Que tu veilles ou que tu dormes, joyeux berger,
Si tes brebis s'égarent dans les blés,
Un signal de ta bouche mignonne
Préservera tes brebis d'un malheur.

Pish! le chat est gris.

LEAR

Produisez celle-ci d'abord : c'est Goneril. Je jure ici, devant cette honorable assemblée, qu'elle a chassé du pied le pauvre roi son père.

LE FOU

Venez ici, mistress. Votre nom est-il Goneril?

LEAR

Elle ne peut le nier.

LE FOU

J'implore votre merci, je vous prenais pour un tabouret.

LEAR

Et en voici une autre dont les regards obliques proclament de quelle nature est son cœur... Arrêtez-la! Des armes, des armes, une épée, du feu!... La corruption est ici! Juge félon, pourquoi l'as-tu laissée échapper?

EDGAR

Bénis soient tes cinq esprits!

KENT

Ô pitié!... Sire, où est donc cette patience que si souvent vous vous vantiez de garder?

EDGAR, *à part*

Mes larmes commencent à prendre parti pour lui, au point de gâter mon rôle.

LEAR

Les petits chiens et toute la meute, Sébile, Blanche et Favorite, aboient après moi.

EDGAR

Tom va leur jeter sa tête. Arrière, molosses!

Que ta gueule soit noire ou blanche,
Que ta dent empoisonne en mordant,
Mâtin lévrier, métis hargneux,
Dogue, épagneul, braque ou limier,
Basset à queue courte ou torse,
Tom les fera tous gémir et hurler.
Je n'ai qu'à leur jeter ainsi ma tête
Pour que tous les chiens sautent la barrière et fuient.

Loudla! Loudla! allons, rendons-nous aux veillées, aux foires et aux marchés... Pauvre Tom, ton sac est vide.

LEAR

Maintenant, qu'on dissèque Régane et qu'on voie ce qu'elle a du côté du cœur! Y a-t-il quelque cause naturelle qui produise ces cœurs si durs? *(À Edgar.)* Vous, monsieur, je vous prends pour un de mes cent gardes. Seulement je n'aime pas votre costume : vous dites qu'il est à la mode persane; n'importe, changez-en.

KENT

Voyons ! mon bon seigneur, couchez-vous là et reposez un peu. *(Lear s'étend sur un lit de repos, dans un retrait, au fond de la salle.)*

LEAR

Ne faites pas de bruit, ne faites pas de bruit. Tirez les rideaux... Ainsi, ainsi, ainsi... Nous souperons dans la matinée... Ainsi, ainsi, ainsi. *(Il s'endort.)*

LE FOU

Et moi, je me mettrai au lit à midi.

Rentre Gloucester.

GLOUCESTER, *à Kent*

Approche, ami. Où est le roi, mon maître ?

KENT

Ici, seigneur. Mais ne le dérangez pas : sa raison est partie.

GLOUCESTER

Je t'en prie, mon bon ami, enlève-le dans tes bras. J'ai surpris un complot contre sa vie. Il y a ici une litière toute prête, étends-le dedans, et conduis-le à Douvres, ami : là, tu trouveras hospitalité et protection. Enlève ton maître. Si tu tardes une demi-heure, sa vie, la tienne et celle de quiconque osera le défendre sont sûrement perdues. Emporte-le, emporte-le, et suis-moi, que je te conduise bien vite hors de danger.

KENT

La nature accablée s'assoupit. Ce repos aurait pu être un baume sauveur pour sa raison brisée ; si les circonstances le troublent, la guérison sera difficile. *(Au fou.)* Allons ! aide-moi à porter ton maître ; tu ne dois pas rester en arrière !

GLOUCESTER

Allons, allons, en marche ! *(Kent, Gloucester et le fou sortent en portant le roi.)*

EDGAR, *seul*

Quand nous voyons nos supérieurs partager nos misères, à peine nos malheurs nous semblent-ils ennemis. Celui qui souffre seul, souffre surtout par imagination, en pensant aux destinées privilégiées, aux éclatants bonheurs qu'il laisse derrière lui ; mais l'âme dompte aisément la souffrance, quand sa douleur a des camarades d'épreuve. Comme ma peine me semble légère et tolérable, à présent que l'adversité qui me fait courber fait plier le roi !... Il est frappé comme père, et moi comme fils!... Tom, éloigne-toi; sois attentif aux grands bruits, et reparais dès que l'opinion qui te salissait de ses outrageantes pensées, ramenée à toi par l'évidence, t'aura réhabilité. Advienne que pourra cette nuit, pourvu que le roi soit sauvé! Aux aguets, aux aguets! *(Il sort.)*

SCÈNE VII

Dans le château de Gloucester.

Entrent CORNOUAILLES, RÉGANE, GONERIL, EDMOND *et des serviteurs.*

CORNOUAILLES, *à Goneril*

Rendez-vous en toute hâte près de milord votre mari; montrez-lui cette lettre. L'armée française est débarquée. *(Aux serviteurs.)* Qu'on aille chercher le misérable Gloucester! *(Quelques serviteurs sortent.)*

RÉGANE

Qu'on le pende sur-le-champ!

GONERIL

Qu'on lui arrache les yeux!

CORNOUAILLES

Abandonnez-le à mon déplaisir... Edmond, accompagnez notre sœur. Le châtiment que nous sommes tenus d'infliger à votre perfide père ne doit pas vous avoir pour témoin. Conseillez au duc chez qui vous vous rendez de hâter ses préparatifs; nous nous engageons à en faire autant. Nos courriers établiront entre nous de rapides intelligences. Adieu, chère sœur! *(À Edmond.)* Adieu, milord de Gloucester!

Entre Oswald, l'intendant.

CORNOUAILLES

Eh bien! où est le roi?

OSWALD

Milord de Gloucester l'a fait emmener d'ici. Trente-cinq ou trente-six de ses chevaliers, ardents à le chercher, l'ont rejoint aux portes, ainsi que plusieurs des seigneurs feudataires; et tous sont partis pour Douvres, où ils se vantent d'avoir des amis bien armés.

CORNOUAILLES

Préparez des chevaux pour votre maîtresse. *(Oswald sort.)*

GONERIL

Adieu, cher duc ! Adieu, sœur !

CORNOUAILLES

Adieu, Edmond ! *(Goneril et Edmond sortent.)* Qu'on aille chercher le traître Gloucester, qu'on le garrotte comme un brigand, et qu'on l'amène devant nous ! *(D'autres serviteurs sortent.)* Bien que nous n'ayons pas le droit de disposer de sa vie sans forme de procès, notre pouvoir favorisera notre colère que les hommes peuvent blâmer, mais non contrôler. Qui est là ?... Le traître !

Rentrent les serviteurs, amenant Gloucester.

RÉGANE

L'ingrat renard ! C'est lui.

CORNOUAILLES

Attachez bien ses bras racornis.

GLOUCESTER

Que prétendent Vos Grâces ?... Mes bons amis, considérez que vous êtes mes hôtes. Ne me jouez pas quelque horrible tour, mes amis.

CORNOUAILLES

Attachez-le, vous dis-je. *(Les serviteurs attachent Gloucester.)*

RÉGANE

Ferme, ferme ! Ô l'immonde traître !

GLOUCESTER

Impitoyable femme, je ne suis pas un traître.

CORNOUAILLES

Attachez-le à ce fauteuil... Misérable, tu apprendras... *(Régane lui arrache la barbe.)*

GLOUCESTER

Par les dieux bons ! c'est un acte infâme de m'arracher la barbe.

RÉGANE

Si blanche ! un pareil traître !

GLOUCESTER

Femme méchante, ces poils que tu arraches de mon menton s'animeront pour t'accuser. Je suis votre hôte. Vous ne devriez pas lacérer de ces mains de brigands ma face hospitalière. Que me voulez-vous ?

CORNOUAILLES

Allons ! monsieur, quelle lettres avez-vous reçues de France récemment ?

RÉGANE

Répondez franchement, car nous savons la vérité.

CORNOUAILLES

Et quel complot avez-vous fait avec les traîtres récemment débarqués dans le royaume ?

RÉGANE

À qui avez-vous envoyé le roi lunatique ? Parlez.

GLOUCESTER

J'ai reçu une lettre, toute de conjectures, qui me vient d'un neutre, et non d'un ennemi.

CORNOUAILLES

Artifice !

RÉGANE

Imposture !

CORNOUAILLES

Où as-tu envoyé le roi ?

GLOUCESTER

À Douvres.

RÉGANE

Pourquoi à Douvres ? Ne t'avait-on pas enjoint, au péril...

CORNOUAILLES

Pourquoi à Douvres ? Qu'il réponde à cela !

GLOUCESTER

Je suis attaché au poteau, et je dois faire face à la meute.

RÉGANE

Pourquoi à Douvres ?

GLOUCESTER

Parce que je ne voulais pas voir tes ongles cruels arracher ses pauvres vieux yeux, ni ta féroce sœur enfoncer ses crocs d'hyène dans sa chair sacrée. Par une tempête comme celle que sa tête nue a supportée dans cette nuit infernale, la mer se serait soulevée et aurait éteint les feux des constellations; mais lui, pauvre vieux cœur, il ne faisait que grossir de ses larmes les pluies du ciel. Si les loups avaient hurlé à ta porte dans ces moments terribles, tu aurais dit : *Ouvre, bon portier.* Les plus féroces auraient fléchi... Mais je verrai la vengeance ailée s'abattre sur de pareils enfants.

CORNOUAILLES

Jamais tu ne la verras... Camarades, tenez le fauteuil... Je vais mettre mon talon sur tes yeux.

GLOUCESTER

Que celui qui espère vivre vieux m'accorde du secours! Ô cruels!... Ô dieux!

RÉGANE

Un côté ferait grimacer l'autre. L'autre aussi!

CORNOUAILLES

Si vous voyez la vengeance!...

UN SERVITEUR, *à Cornouailles*

Arrêtez, milord. Je vous ai servi depuis mon enfance, mais je ne vous rendis jamais de plus grand service qu'en vous sommant d'arrêter.

RÉGANE

Qu'est-ce à dire, chien?

LE SERVITEUR

Si vous portiez une barbe au menton, je la secouerais pour une pareille querelle... Que prétendez-vous?

CORNOUAILLES

Mon vassal! *(Il se jette sur le serviteur, l'épée à la main.)*

LE SERVITEUR, *dégainant*

Eh bien! avancez donc, et affrontez les chances de la colère. *(Ils se battent. Cornouailles est blessé.)*

RÉGANE, *à un autre serviteur*

Donne-moi ton épée!... Un paysan nous tenir tête ainsi! *(Elle saisit une épée et frappe par-derrière l'adversaire de Cornouailles.)*

LE SERVITEUR

Oh! je suis tué! *(Montrant Cornouailles à Gloucester.)* Milord, il vous reste un œil pour voir le malheur qui lui arrive!... Oh!... *(Il meurt.)*

CORNOUAILLES

Empêchons qu'il n'en voie davantage... À bas, vile gelée ! Où est ton lustre, à présent ?

GLOUCESTER

Tout est ténèbres et désespoir !... Où est mon fils Edmond ? Edmond, allume tous les éclairs de la nature pour venger cette horrible action.

RÉGANE

Fi, infâme traître ! Tu implores qui te hait : c'est lui qui nous a révélé tes trahisons. Il est trop bon pour t'avoir en pitié.

GLOUCESTER

Oh ! ma folie ! Edgar était donc calomnié ! Dieux bons, pardonnez-moi, et faites-le prospérer.

RÉGANE

Qu'on le jette à la porte, et qu'on le laisse flairer son chemin d'ici à Douvres ! Qu'est-ce donc, milord ? Vous changez de visage !

CORNOUAILLES

J'ai été blessé... Suivez-moi, madame. Qu'on chasse ce scélérat sans yeux !... Jetez cet esclave au fumier... Régane, je saigne à flots. Cette blessure arrive mal... Donnez-moi votre bras. *(Cornouailles sort, soutenu par Régane. Les serviteurs détachent Gloucester et l'emmènent.)*

PREMIER SERVITEUR

Je consens à commettre n'importe quel forfait si cet homme prospère.

DEUXIÈME SERVITEUR

Si elle vit longtemps, si elle ne trouve la mort qu'au bout de la vieillesse, les femmes vont toutes devenir des monstres.

PREMIER SERVITEUR

Suivons le vieux comte, et chargeons le maniaque de Bedlam de le conduire : sa folie vagabonde se prête à tout.

DEUXIÈME SERVITEUR

Va, toi ! Moi, je vais chercher du linge et des blancs d'œufs pour panser sa face sanglante. Que désormais le ciel l'assiste ! *(Ils sortent de différents côtés.)*

ACTE IV

SCÈNE PREMIÈRE

Une bruyère.

Entre EDGAR.

EDGAR

Mieux vaut être méprisé et le savoir qu'être méprisé et s'entendre flatter. L'être le plus vil, le plus infime, le plus disgracié de la fortune, est dans une perpétuelle espérance, et vit hors d'inquiétude. Il n'est de changement lamentable que pour le bonheur : le malheur a pour revers la joie. Sois donc la bienvenue, bise impalpable que j'embrasse ! Le misérable que tu as jeté dans la détresse est quitte envers tes orages. Mais qui vient ici ?

Entre Gloucester, conduit par un vieillard.

Mon père ! Si pauvrement escorté !... Monde, monde, ô monde ! Il faut donc que d'étranges vicissitudes te rendent odieux, pour que la vie se résigne à la destruction !

LE VIEILLARD

Ô mon bon seigneur, j'ai été votre vassal, et le vassal de votre père, depuis quatre-vingts ans.

GLOUCESTER

Va, éloigne-toi, mon bon ami, pars ! Tes secours me sont inutiles et peuvent t'être funestes.

LE VIEILLARD

Hélas ! messire, vous ne pouvez pas voir votre chemin.

GLOUCESTER

Je n'ai pas de chemin, je n'ai donc pas besoin d'yeux. Je suis tombé quand j'y voyais. Cela arrive souvent : nos ressources nous leurrent, tandis que nos privations mêmes tournent à notre avantage... Oh ! cher fils Edgar, toi sur qui s'est assouvie la fureur de ton père abusé, si je pouvais seulement te voir par le toucher, je dirais que j'ai retrouvé mes yeux.

LE VIEILLARD

Hé! qui est là?

EDGAR, *à part*

Ô dieux! Qui peut dire : *Je suis au comble du malheur*? Je suis plus malheureux que jamais je ne l'ai été.

LE VIEILLARD

C'est Tom, le pauvre fou.

EDGAR, *à part*

Et je puis être plus malheureux encore. Le malheur n'est pas comblé tant qu'on peut dire : *En voilà le comble!*

LE VIEILLARD

L'ami, où vas-tu?

GLOUCESTER

Est-ce un mendiant?

LE VIEILLARD

Fou et mendiant à la fois.

GLOUCESTER

Il lui reste quelque raison : sans quoi il ne pourrait mendier. Pendant la tempête de la nuit dernière, j'ai vu un de ces gens-là et je me suis pris à croire que l'homme est un ver de terre. Mon fils s'est présenté alors à ma pensée; et pourtant ma pensée ne lui était guère sympathique alors. J'ai été éclairé depuis. Ce que les mouches sont pour des enfants espiègles, nous le sommes pour les dieux : ils nous tuent pour leur plaisir.

EDGAR, *à part*

Comment cela est-il arrivé?... Triste métier que de jouer la folie devant la douleur et de navrer les autres en se navrant soi-même! *(Haut.)* Sois béni, maître!

GLOUCESTER

Est-ce là le pauvre déguenillé?

LE VIEILLARD

Oui, milord.

GLOUCESTER

Eh bien ! je t'en prie, retire-toi. Si, dans ton zèle pour moi, tu veux nous rejoindre, à un mille ou deux d'ici, sur la route de Douvres, fais-le, mon vieux serviteur, et apporte quelques vêtements pour couvrir ce déguenillé ; je vais le prier de me guider.

LE VIEILLARD

Hélas ! messire, il est fou.

GLOUCESTER

C'est le malheur des temps que les fous guident les aveugles. Fais ce que je te dis, ou plutôt fais comme il te plaira. Avant tout, retire-toi.

LE VIEILLARD

Je lui apporterai le meilleur habillement que je possède. Advienne que pourra ! *(Il sort.)*

GLOUCESTER

Holà, déguenillé !

EDGAR

Le pauvre Tom a froid. *(À part.)* Je ne puis feindre plus longtemps.

GLOUCESTER

Viens ici, l'ami.

EDGAR

Et pourtant il le faut. *(Haut.)* Bénis soient tes doux yeux ! Ils saignent.

GLOUCESTER

Connais-tu le chemin de Douvres ?

EDGAR

Barrières et grilles, chaussée et trottoir, j'en connais tout. De frayeur le pauvre Tom a perdu son bon sens. Le ciel te préserve du noir démon, homme de bien ! Cinq démons à la fois sont entrés dans le pauvre Tom : celui de la luxure, *Obidicut; Hobbididance,* le prince du mutisme ; le démon du vol, *Mahu;* celui du meurtre, *Modo;* celui des grimaces et des contorsions, *Flibbertigibbet,* qui maintenant possède les chambrières et les servantes. Sur ce, sois béni, maître !

GLOUCESTER

Tiens ! prends cette bourse, toi que les fléaux du ciel ont ployé à tous les coups : ma misère va te rendre plus heureux. Cieux, agissez toujours ainsi ! À l'homme fastueux et gorgé de voluptés, qui foule aux pieds vos lois et ne veut pas voir parce qu'il ne sent pas, faites vite sentir votre puissance, en sorte que le partage réforme l'excès, et que chacun ait le nécessaire... Connais-tu Douvres ?

EDGAR

Oui, maître.

GLOUCESTER

Il y a là un rocher dont la tête haute et penchée regarde avec terreur la mer qu'il domine ; mène-moi seulement au bord de l'abîme, et je réparerai la misère que tu supportes par quelque libéralité. Une fois là, je n'aurai plus besoin de guide.

EDGAR

Donne-moi ton bras ; le pauvre Tom va te conduire. *(Ils sortent.)*

SCÈNE II

Devant le palais du duc d'Albany.

Entrent GONERIL *et* EDMOND. OSWALD *vient au-devant d'eux.*

GONERIL, *à Edmond*

Soyez le bienvenu, milord ! Je m'étonne que notre débonnaire mari ne soit pas venu à notre rencontre. *(À Oswald.)* Eh bien ! où est votre maître ?

OSWALD

Au château, madame. Mais jamais homme ne fut si changé. Je lui ai parlé de l'armée qui est débarquée ; il a souri. Je lui ai dit que vous arriviez ; il a répondu : *Tant pis.* Quand je lui ai appris la trahison de Gloucester et les loyaux services de son fils, il m'a appelé sot, et m'a dit que j'avais mis l'endroit à l'envers. Il semble charmé de ce qui devrait lui déplaire, et contrarié de ce qui devrait lui plaire.

GONERIL, *à Edmond*

Alors ne venez pas plus loin. Ce sont les lâches terreurs de son caractère qui l'empêchent de rien oser. Il se refuse à sentir les outrages qui l'obligeraient à des représailles. Les vœux que nous faisions sur la route pourraient bien s'accomplir. Edmond, retournez près de mon frère : hâtez ses levées et commandez ses troupes. Il faut que je change de titre chez moi, et que je remette la quenouille aux mains de mon mari. *(Montrant Oswald.)* Ce fidèle serviteur sera notre intermédiaire : avant peu vous recevrez peut-être, si vous savez oser dans votre intérêt, les ordres d'une maîtresse. *(Elle lui remet un nœud de rubans.)* Portez ceci ; épargnez les paroles ; penchez la tête. *(Elle lui donne furtivement un baiser et lui parle à voix basse.)* Ce baiser, s'il osait parler, porterait aux nues tes ardeurs ; comprends, et sois heureux.

EDMOND

À vous jusque dans les rangs de la mort !

GONERIL

Mon très cher Gloucester ! *(Edmond sort.)* Oh ! quelle différence entre un homme et un homme ! C'est à toi que sont dus les services d'une femme. Un imbécile usurpe mon lit.

OSWALD

Madame, voici monseigneur. *(Oswald sort.)*

Entre Albany.

GONERIL

Je croyais valoir la peine d'être appelée.

ALBANY

Ô Goneril, vous ne valez pas la poussière que l'âpre vent vous souffle à la face. Je redoute votre caractère. Une nature qui outrage son origine ne saurait être retenue par aucun frein. La branche qui se détache elle-même du tronc nourricier doit forcément se flétrir et servir à un mortel usage.

GONERIL

Assez ! la leçon est ridicule.

ALBANY

La sagesse et la bonté semblent viles aux vils ; la corruption n'a de goût que pour elle-même... Qu'avez-vous fait ? Vous, des filles ! non !... Qu'avez-vous commis, tigresses ? Un père, un gracieux vieillard dont l'ours à tête lourde eût léché la majesté, vous l'avez rendu fou, barbares dégénérées ! Mon noble frère a-t-il pu vous laisser faire ? Un homme, un prince, comblé par lui de tant de bienfaits ! Si les cieux ne se hâtent pas d'envoyer leurs esprits visibles pour punir ces forfaits infâmes, le temps va venir où les hommes devront s'entre-dévorer comme les monstres de l'Océan.

GONERIL

Homme au foie de lait, qui tends la joue aux horions et la tête à l'outrage, qui n'as pas d'yeux pour distinguer l'honneur de la patience, qui ne sais pas que les dupes seules plaignent les misérables dont le châtiment a prévenu le méfait!... Où est ton tambour? Le Français arbore ses bannières sur notre terre silencieuse; déjà ton égorgeur te menace du panache de son cimier; et toi, scrupuleux imbécile, tu restes là, tranquille, à t'écrier : *Hélas! pourquoi fait-il cela?*

ALBANY

Regarde-toi donc, diablesse! La difformité est moins horrible encore dans le démon que dans la femme.

GONERIL

Oh! vain imbécile!

ALBANY

Créature dégradée, et méconnaissable par pudeur! ne prends pas les traits d'un monstre. S'il me convenait de laisser mes mains obéir à mon sang, elles pourraient bien te disloquer, t'arracher la chair et les os! Tout démon que tu es, la forme de la femme te protège.

GONERIL

Morbleu! vous redevenez un homme!

Entre un messager.

ALBANY

Quelles nouvelles?

LE MESSAGER

Oh! mon bon seigneur, le duc de Cornouailles est mort, tué par un de ses gens, au moment où il allait crever un des yeux de Gloucester.

ALBANY

Les yeux de Gloucester!

LE MESSAGER

Un serviteur qu'il avait nourri, frémissant de pitié, s'est opposé à cette action, en tirant l'épée contre son puissant maître, qui, exaspéré, s'est élancé sur lui et l'a étendu mort au milieu des autres, mais non sans avoir reçu un coup fatal, qui depuis l'a emporté.

ALBANY

Ceci prouve que vous êtes là-haut, vous, justiciers, qui savez si promptement venger nos crimes d'ici-bas... Mais, ô pauvre Gloucester ! Il a donc perdu un de ses yeux ?

LE MESSAGER

Tous deux, tous deux, milord. Cette lettre, madame, réclame une prompte réponse. Elle est de votre sœur.

GONERIL, *à part*

Par un côté, ceci me plaît assez. Mais maintenant qu'elle est veuve et que mon Gloucester est près d'elle, l'édifice de mes rêves pourrait bien s'écrouler tout entier sur ma vie désolée. Par un autre côté, la nouvelle n'est pas si amère... Lisons, et répondons. *(Elle sort.)*

ALBANY

Où donc était son fils, quand on lui ôtait la vue ?

LE MESSAGER

Il venait ici avec milady.

ALBANY

Il n'est pas ici.

LE MESSAGER

Non, mon bon seigneur ; je l'ai rencontré qui s'en retournait.

ALBANY

Connaît-il l'infamie ?

LE MESSAGER

Oui, mon bon seigneur : c'est lui qui avait dénoncé son père, et il avait quitté le château, afin que la punition pût avoir un plus libre cours.

ALBANY

Gloucester, je suis là pour reconnaître l'attachement que tu as montré au roi, et pour venger tes yeux... Viens, ami, dis-moi tout ce que tu sais encore. *(Ils sortent.)*

SCÈNE III

Le camp français, près de Douvres.

Entrent KENT *et* UN CHEVALIER.

KENT

Pourquoi le roi de France est-il reparti si soudainement ? Savez-vous la raison ?

LE CHEVALIER

Il avait négligé une affaire d'État, qui depuis son départ est revenue à sa pensée. Elle importe tellement au salut et à l'existence du royaume que son retour en personne était tout à fait urgent et nécessaire.

KENT

Qui a-t-il laissé général à sa place ?

LE CHEVALIER

Le maréchal de France, monsieur Lafare.

KENT

Votre lettre a-t-elle arraché à la reine quelque démonstration de douleur ?

LE CHEVALIER

Oui, monsieur. Elle l'a prise, l'a lue en ma présence ; de temps à autre une grosse larme oscillait sur sa joue délicate ; on eût dit qu'elle dominait en reine son émotion qui, rebelle obstinée, cherchait à régner sur elle.

KENT

Oh ! elle a donc été émue ?

LE CHEVALIER

Pas jusqu'à l'emportement : la patience et la douleur luttaient à qui lui donnerait la plus suave expression. Vous avez vu le soleil luire à travers la pluie : ses sourires et ses larmes apparaissaient comme au plus beau jour de mai. Ces heureux sourires, qui se jouaient sur sa lèvre mûre, semblaient ignorer les hôtes qui étaient dans ses yeux et qui s'en échappaient comme des perles tombant de deux diamants... Bref, la douleur serait la plus adorable rareté, si tous pouvaient l'embellir ainsi.

KENT

N'a-t-elle pas fait quelque observation ?

LE CHEVALIER

Oui, une fois ou deux elle a soupiré le nom de *père*, haletante comme s'il lui oppressait le cœur. Elle s'est écriée : *Mes sœurs! Mes sœurs!... Opprobre des femmes! Mes sœurs! Kent! Mon père! Mes sœurs! Quoi! pendant l'orage! pendant la nuit! Qu'on ne croie plus à la pitié!* Alors elle a secoué l'eau sainte de ses yeux célestes et en a mouillé ses sanglots; puis brusquement elle s'est échappée pour être toute à sa douleur.

KENT

Ce sont les astres, les astres d'en haut, qui gouvernent nos natures; autrement jamais même père et même mère ne pourraient mettre au monde des enfants si dissemblables. Vous ne lui avez pas parlé depuis?

LE CHEVALIER

Non.

KENT

Cette entrevue a-t-elle eu lieu avant le départ du roi?

LE CHEVALIER

Non, depuis.

KENT

C'est bien, monsieur... Lear est dans la ville, le pauvre affligé! Parfois, dans ses meilleurs moments, il se rappelle ce qui nous amène ici, et il se refuse absolument à voir sa fille.

LE CHEVALIER

Pourquoi, cher monsieur?

KENT

Une impérieuse honte le talonne. La dureté avec laquelle il lui a retiré sa bénédiction et l'a abandonnée à de lointains hasards pour transmettre ses droits les plus précieux à des filles au cœur d'hyène, est pour son âme un remords si venimeux qu'une brûlante confusion l'éloigne de Cordélia.

LE CHEVALIER

Hélas! pauvre gentilhomme!

KENT

Avez-vous des nouvelles des armées d'Albany et de Cornouailles?

LE CHEVALIER

Oui, elles sont en campagne.

KENT

Eh bien ! monsieur, je vais vous mener à Lear, notre maître, et vous laisser veiller sur lui. Un intérêt puissant m'attache pour quelque temps encore à ce déguisement. Quand je me ferai connaître, vous ne regretterez pas de m'avoir accordé cette familiarité. Je vous en prie, venez avec moi. *(Ils sortent.)*

SCÈNE IV

La tente royale dans le camp français.

Entrent CORDÉLIA, UN MÉDECIN, *des officiers et des soldats.*

CORDÉLIA

Hélas ! c'est lui. Il a été rencontré à l'instant, aussi frénétique que la mer irritée, chantant à voix haute, couronné de fumeterre sauvage, de folle avoine, de sénevé, de ciguë, d'ortie, de fleur de coucou, d'ivraie, et de toutes les plantes parasites qui croissent aux dépens de nos blés. *(À un officier.)* Détachez une centurie ; fouillez en tous sens les hautes herbes de la plaine, et amenez-le devant nous. *(L'officier sort.)* Que peut la sagesse de l'homme pour restaurer sa raison évanouie ? Que celui qui le guérira dispose de toutes mes richesses extérieures !

LE MÉDECIN

Il y a un moyen, madame : le repos est le souverain nourricier de la nature. C'est le repos qu'il lui faut : pour le provoquer chez lui, nous avons des simples dont la puissance fermerait les yeux même de l'angoisse.

CORDÉLIA

Ô vous tous, secret bénis, vertus encore inconnues de la terre, jaillissez sous mes larmes ! Soyez secourables et salutaires à la détresse du bon vieillard !... Cherchez, cherchez-le, de peur que sa rage indomptée ne brise une existence qui n'a plus de guide.

Entre un messager.

LE MESSAGER

Une nouvelle, madame ! L'armée britannique s'avance.

CORDÉLIA

Nous le savions : nos préparatifs sont faits pour la recevoir... Ô père chéri ! ce sont tes intérêts qui m'occupent. Aussi la grande France a-t-elle eu pitié de mon deuil et de mes larmes suppliantes. Ce n'est pas une vaine ambition qui stimule nos armes, c'est l'amour, l'amour le plus tendre, c'est la cause de notre vieux père. Puissé-je bientôt le voir et l'entendre ! *(Tous sortent.)*

SCÈNE V

Dans le château de Gloucester.

Entrent RÉGANE *et* OSWALD.

RÉGANE

Mais les troupes de mon frère sont-elles en marche ?

OSWALD

Oui, madame.

RÉGANE

S'est-il mis à leur tête en personne ?

OSWALD

Oui, madame, mais à grand-peine ; votre sœur est un meilleur soldat.

RÉGANE

Est-ce que milord Edmond n'a pas parlé à votre maître au château ?

OSWALD

Non, madame.

RÉGANE

Que peut contenir la lettre à lui écrite par ma sœur ?

OSWALD

Je ne sais pas, milady.

RÉGANE

Au fait, c'est pour de graves motifs qu'il s'en est allé si vite. Après avoir retiré la vue à Gloucester, ç'a été une grande imprudence de le laisser vivre : partout où il passera, il soulèvera tous les cœurs contre nous ; je pense qu'Edmond est parti, prenant sa misère en pitié, pour le délivrer d'une vie vouée aux ténèbres, en même temps que pour reconnaître les forces de l'ennemi.

OSWALD

Il faut que je le rejoigne, madame, pour lui remettre cette lettre.

RÉGANE

Nos troupes se mettent en marche demain ; restez avec nous, les routes sont dangereuses.

OSWALD

Je ne puis, madame ; ma maîtresse m'a recommandé l'empressement dans cette affaire.

RÉGANE

Pourquoi écrit-elle à Edmond ? N'auriez-vous pas pu transmettre son message de vive voix ? Sans doute, quelque raison, je ne sais laquelle... Je t'aimerai fort de me laisser décacheter cette lettre.

OSWALD

Madame, je préférerais...

RÉGANE

Je sais que votre maîtresse n'aime pas son mari ; je suis sûre de cela : la dernière fois qu'elle était ici, elle lançait d'étranges œillades et de bien éloquents regards au noble Edmond. Je sais que vous êtes son confident.

OSWALD

Moi, madame ?

RÉGANE

Je parle à bon escient : vous l'êtes, je le sais. Aussi, écoutez bien l'avis que je vous donne. Mon mari est mort ; Edmond et moi, nous nous sommes entendus : il est naturel qu'il ait ma main plutôt que celle de votre maîtresse. Vous pouvez deviner ce que je ne dis pas. Si vous trouvez Edmond, remettez-lui ceci, je vous prie. *(Elle lui donne un anneau.)* Quand vous informerez votre maîtresse de ce que vous savez, dites-lui, je vous prie, de rappeler à elle sa raison. Sur ce, adieu ! Si par hasard vous entendez parler de cet aveugle traître, les faveurs pleuvront sur celui qui l'expédiera.

OSWALD

Si je pouvais le rencontrer, madame ! Je montrerais à quel parti j'appartiens.

RÉGANE

Adieu ! *(Ils sortent.)*

SCÈNE VI

La campagne aux environs de Douvres.

Entre GLOUCESTER *conduit par* EDGAR *vêtu en paysan.*

GLOUCESTER

Quand arriverons-nous au sommet de cette côte?

EDGAR

Vous la gravissez à présent : voyez comme nous nous évertuons.

GLOUCESTER

Il me semble que le terrain est plat.

EDGAR

Horriblement escarpé. Écoutez! entendez-vous la mer?

GLOUCESTER

Non, vraiment.

EDGAR

Eh! il faut que vos autres sens soient affaiblis par la douleur de vos yeux.

GLOUCESTER

C'est possible, en effet. Il me semble que ta voix est changée et que tu parles en meilleurs termes et plus sensément que tu ne faisais.

EDGAR

Vous vous trompez grandement : il n'y a de changé en moi que le costume.

GLOUCESTER

Il me semble que vous vous exprimez mieux.

EDGAR

Avancez, monsieur; voici l'endroit... Halte-là! Que c'est effrayant et vertigineux de plonger si bas ses regards! Les corbeaux et les corneilles qui fendent l'air au-dessous de nous ont tout au plus l'ampleur des escargots. À mi-côte pend un homme qui cueille du perce-pierre : terrible métier ! Ma foi ! il ne semble pas plus gros que sa tête. Les pêcheurs qui marchent sur la plage apparaissent comme des souris ; et là-bas, ce grand navire à l'ancre fait l'effet de sa chaloupe ; sa chaloupe, d'une bouée à peine distincte pour la vue. Le murmure de la vague qui fait rage sur les galets innombrables et inertes ne peut s'entendre de si haut... Je ne veux plus regarder : la cervelle me tournerait, et le trouble de ma vue m'entraînerait tête baissée dans l'abîme.

GLOUCESTER

Placez-moi où vous êtes.

EDGAR

Donnez-moi votre main... Vous êtes maintenant à un pied de l'extrême bord. Pour tout ce qu'il y a sous la lune, je ne voudrais pas faire un bond.

GLOUCESTER

Lâche ma main. Voici une autre bourse, ami ; il y a dedans un joyau qui n'est pas à dédaigner pour un pauvre homme. Que les fées et les dieux te rendent ce don prospère ! Éloigne-toi ; dis-moi adieu, et que je t'entende partir !

EDGAR

Adieu donc, mon bon monsieur ! *(Il fait mine de s'éloigner.)*

GLOUCESTER

Merci de tout cœur !

EDGAR, *à part*

Si je joue ainsi avec son désespoir, c'est pour le guérir.

GLOUCESTER

Ô dieux puissants ! je renonce à ce monde ; et, en votre présence, je me soustrais sans colère à mon accablante affliction ; si je pouvais la supporter plus longtemps sans me mettre en révolte contre vos volontés inéluctables, je laisserais le lumignon misérable de mes derniers moments s'éteindre de lui-même... Si Edgar vit encore, oh ! bénissez-le !... À présent, camarade, adieu !

EDGAR

Me voilà parti, monsieur ; adieu ! *(Gloucester s'élance et tombe à terre de toute sa hauteur.)* Pourtant je ne sais si l'imagination ne serait pas de force à dérober le trésor de la vie, quand la vie elle-même se prête à ce vol. S'il avait été où il pensait, déjà c'en serait fait pour lui de toute pensée. *(Il s'approche de Gloucester.)* Mort, ou vivant ? Holà, monsieur ! ami !... Entendez-vous, monsieur ?... Parlez!... Il a bien pu se tuer ainsi, vraiment!... Mais non, il se ranime. Qui êtes-vous, monsieur?

GLOUCESTER

Arrière! laissez-moi mourir.

EDGAR

À moins d'être un fil de la Vierge, une plume ou un souffle, tu n'aurais pas pu être précipité de si haut sans te briser comme un œuf. Mais tu respires, tu es un corps pesant, tu ne saignes pas, tu parles, tu es sain et sauf! Dix mâts, les uns au bout des autres, ne mesureraient pas la hauteur dont tu viens de tomber perpendiculairement. Ta vie est un miracle. Parle encore.

GLOUCESTER

Mais suis-je tombé, ou non?

EDGAR

De l'effrayant sommet de cette falaise crayeuse. Regarde là-haut : de cette distance l'alouette stridente ne pourrait être vue ni entendue : regarde.

GLOUCESTER

Hélas! je n'ai plus d'yeux. La misère n'a donc pas la ressource de se détruire par la mort? C'est pourtant une consolation pour le malheur de pouvoir tromper la rage du tyran et frustrer son orgueilleux arrêt.

EDGAR, *l'aidant à se relever*

Donnez-moi votre bras. Debout!... C'est cela! Comment êtes-vous? Sentez-vous vos jambes?... Vous vous soutenez?

GLOUCESTER

Trop bien, trop bien.

EDGAR

Ceci dépasse toute étrangeté. Quel était cet être qui, sur la crête de la montagne, s'est éloigné de vous?

GLOUCESTER

Un pauvre infortuné mendiant.

EDGAR

D'ici-bas il m'a semblé que ses yeux étaient deux pleines lunes; il avait mille nez, des cornes hérissées et ondulant comme la mer houleuse. C'était quelque démon. Ainsi, mon heureux père, sois persuadé que les dieux tutélaires, qui tirent leur gloire des impossibilités humaines, ont préservé tes jours.

GLOUCESTER

Je me rappelle à présent. À l'avenir, je supporterai la douleur, jusqu'à ce que d'elle-même elle me crie : *Assez, assez! meurs!* L'être dont vous parlez, je l'ai pris pour un homme; il répétait souvent : *Démon! démon!* C'est lui qui m'a conduit là.

EDGAR

Que votre âme reprenne force et patience!... Mais qui vient ici?

Entre Lear, fantasquement paré de fleurs.

Jamais cerveau sain n'affublera ainsi son maître.

LEAR

Non, ils ne peuvent me toucher pour avoir battu monnaie : je suis le roi en personne.

EDGAR

Ô déchirant spectacle!

LEAR

Sous ce rapport, la nature est au-dessus de l'art... Voici l'argent de votre engagement. Ce gaillard brandit son arc comme un épouvantail à corbeaux... Lâche donc ton aune de fer... Voyez! voyez! une souris! Paix! ce morceau de fromage grillé suffira... Voici mon gantelet; je veux le lancer à un géant... Apportez les hallebardes... Oh! bien volé, mon oiseau! Dans le but! dans le but! *(À Edgar.)* Holà! le mot de passe!

EDGAR

Suave marjolaine.

LEAR

Passez!

GLOUCESTER

Je connais cette voix.

LEAR

Ah! Goneril! une barbe blanche!... On me flattait comme un chien; on me disait que j'avais eu des poils blancs au menton avant d'en avoir de noirs. On répondait oui et non à tout ce que je disais. Ces oui et ces non n'étaient pas texte sacré. Du moment où la pluie est venue me mouiller, où le vent m'a fait claquer les dents, où le tonnerre a refusé de se taire sur mon ordre, alors j'ai reconnu, alors j'ai senti leur sincérité. Allez! ce ne sont pas des gens de parole : à les entendre, j'étais tout; c'est un mensonge : je ne suis pas à l'épreuve de la fièvre.

GLOUCESTER

Je me rappelle le son de cette voix : n'est-ce pas le roi?

LEAR

Oui, de la tête aux pieds, un roi! Sous mon regard fixe voyez comme mes sujets tremblent! Je fais grâce de la vie à cet homme... Quel est ton délit? L'adultère! Tu ne mourras pas. Mourir pour adultère! Non! Le roitelet s'accouple, et la petite mouche dorée paillarde, sous mes yeux. Laissons prospérer la copulation : le fils bâtard de Gloucester a été plus tendre pour son père que mes filles, engendrées entre les draps légitimes. À l'œuvre, luxure! à la mêlée! car j'ai besoin de soldats. Voyez-vous là-bas cette dame au sourire béat, dont le visage ferait croire qu'il neige entre ses cuisses, qui minaude la vertu, et baisse la tête rien qu'à entendre parler de plaisir? Le putois et l'étalon ne vont pas en besogne avec une ardeur plus dévergondée. Centaures au-dessous de la taille, femmes au-dessus! Les dieux ne les possèdent que jusqu'à la ceinture; au-dessous, tout est aux démons : là, tout est enfer, ténèbres, gouffre sulfureux, incendie, bouillonnement, infection, consomption! Fi, fi, fi! Pouah! pouah!... Donne-moi une once de civette, bon apothicaire, pour parfumer mon imagination. Voilà de l'argent pour toi.

GLOUCESTER

Oh! laissez-moi baiser cette main!

LEAR

Laisse-moi d'abord l'essuyer : elle sent la mortalité.

GLOUCESTER

Ô œuvre ruinée de la nature! Ce grand univers sera ainsi réduit à néant!... Me reconnais-tu?

LEAR

Je me rappelle assez bien tes yeux. Tu me regardes de travers! Bah! acharne-toi, aveugle Cupidon! je ne veux plus aimer... Lis ce cartel, remarque seulement comme il est rédigé.

GLOUCESTER

Quand toutes les lettres en seraient des soleils, je ne pourrais les voir.

EDGAR

On raconterait cela, que je ne le croirais pas; cela est, et mon cœur se brise.

LEAR

Lisez.

GLOUCESTER

Quoi! avec ces orbites vides?

LEAR

Oh! oh! vous en êtes là avec moi? Pas d'yeux dans votre tête, ni d'argent dans votre bourse? En ce cas, l'état de vos yeux est aussi accablant qu'est léger celui de votre bourse. Vous n'en voyez pas moins comment va le monde.

GLOUCESTER

Je le vois par ce que je ressens.

LEAR

Quoi! es-tu fou? Un homme peut voir sans yeux comment va le monde. Regarde avec tes oreilles. Vois-tu comme ce juge déblatère contre ce simple filou? Écoute, un mot à l'oreille! Change-les de place, et puis devine lequel est le juge, lequel est le filou... Tu as vu le chien d'un fermier aboyer après un mendiant?

GLOUCESTER

Oui, seigneur.

LEAR

Et la pauvre créature se sauver du limier? Eh bien! tu as vu là la grande image de l'autorité : un chien au pouvoir qui se fait obéir! Toi, misérable sergent, retiens ton bras sanglant : pourquoi fouettes-tu cette putain? Flagelle donc tes propres épaules : tu désires ardemment commettre avec elle l'acte pour lequel tu la fouettes. L'usurier fait pendre l'escroc. Les moindres vices se voient à travers les haillons; les manteaux et les simarres fourrées les cachent tous. Cuirasse d'or le péché, et la forte lance de la justice s'y brise impuissante; harnache-le de guenilles, le fétu d'un pygmée le transperce. Il n'est pas un coupable, pas un, te dis-je, pas un! Je les absous tous. Accepte ceci de moi, mon ami : j'ai les moyens de sceller les lèvres de l'accusateur. Procure-toi des besicles et, en homme d'État taré, affecte de voir les choses que tu ne vois pas... Allons, allons, allons, allons! ôtez-moi mes bottes; ferme, ferme! c'est ça.

EDGAR

Oh! mélange de bon sens et d'extravagance! La raison dans la folie!

LEAR

Si tu veux pleurer sur mon sort, prends mes yeux. Je te connais fort bien : ton nom est Gloucester. Il te faut prendre patience : nous sommes venus ici-bas en pleurant. Tu le sais! La première fois que nous humons l'air, nous vagissons et nous crions... Je vais prêcher pour toi; attention!

GLOUCESTER

Hélas! Hélas!

LEAR

Dès que nous naissons, nous pleurons d'être venus sur ce grand théâtre de fous... Le bon couvre-chef! Ce serait un délicat stratagème que de ferrer avec du feutre un escadron de chevaux; j'en veux faire l'essai; et puis je surprendrai ces gendres, et alors tue, tue, tue, tue, tue, tue!

Entre un officier, suivi d'une escorte.

L'OFFICIER, *montrant Lear*

Oh! le voici; mettez la main sur lui... Seigneur, votre très chère fille...

LEAR

Personne à la rescousse! Quoi! prisonnier! Je suis donc toujours le misérable bouffon de la fortune... Traitez-moi bien : je vous payerai rançon. Procurez-moi des chirurgiens, je suis blessé à la cervelle.

L'OFFICIER

Vous aurez ce que vous voudrez.

LEAR

Pas de seconds! on me laisse tout seul! Ah! c'en serait assez pour qu'un homme, un homme de cœur, fît de ses yeux des arrosoirs et abattît sous ses pleurs la poussière d'automne!

L'OFFICIER

Bon sire!

LEAR

Je veux mourir vaillant comme un nouveau marié... Eh! je veux être jovial. Allons, allons! je suis roi! Savez-vous cela, mes maîtres?

L'Officier

Vous êtes une Majesté, et nous vous obéissons.

Lear

Il y a encore de la vie dans cette Majesté-là. Même, si vous l'attrapez, vous ne l'attraperez qu'à la course ! Vite, vite, vite, vite ! *(Il sort en courant. L'escorte le poursuit.)*

L'Officier

Spectacle lamentable dans le plus vil des malheureux, inqualifiable dans un roi !... Lear, tu as une fille qui rachète la nature humaine de la malédiction que les deux autres ont attirée sur elle.

Edgar, *s'approchant de l'officier*

Salut, mon gentilhomme !

L'Officier

Le ciel vous garde, l'ami ! Que désirez-vous ?

Edgar

Avez-vous ouï parler, monsieur, d'une bataille prochaine ?

L'Officier

Rien de plus sûr et de plus avéré : pour en ouïr quelque chose, il suffit de savoir distinguer un son.

Edgar

Mais, de grâce ! à quelle distance est l'armée ennemie ?

L'Officier

Tout près d'ici. Elle s'avance à marche forcée. Ses masses peuvent être signalées d'un moment à l'autre.

Edgar

Je vous remercie, monsieur ; c'est tout ce que je voulais savoir.

L'Officier

La reine est restée ici pour des causes spéciales, mais son armée est en mouvement.

Edgar

Je vous remercie, monsieur. *(L'officier sort.)*

Gloucester

Dieux toujours propices, à vous seuls de me retirer le souffle ! Que jamais mon mauvais génie ne me pousse à mourir, avant que cela vous plaise !

EDGAR

Bonne prière, mon père !

GLOUCESTER

Maintenant, mon bon monsieur, qui êtes-vous ?

EDGAR

Un fort pauvre homme, apprivoisé aux coups de la fortune, que l'expérience encore douloureuse de ses propres chagrins a rendu tendre à la pitié. Donnez-moi votre main, je vais vous conduire à quelque gîte.

GLOUCESTER

Merci de tout cœur ! Que les faveurs et les bénédictions du ciel pleuvent et pleuvent sur toi !

Entre Oswald.

OSWALD, *désignant Gloucester*

À moi ce proscrit !... Ô bonheur ! Voilà une tête sans yeux faite tout exprès pour fonder mon élévation... Misérable vieux traître, fais vite tes réflexions. *(Il dégaine.)* L'épée est tirée qui doit te détruire.

GLOUCESTER

Va ! que ton bras ami lui donne la force nécessaire ! *(Edgar se jette devant Gloucester.)*

OSWALD

Comment, effronté paysan, oses-tu soutenir un traître hors la loi ? Retire-toi, de peur que la contagion de sa destinée ne t'atteigne toi-même. Lâche son bras.

EDGAR, *prenant l'accent d'un paysan*

Je n'le lâcherai pas, monsieu, sans queuque bonne raison.

OSWALD

Lâche, maraud, ou tu es mort.

EDGAR

Mon bon gentilhomme, allez votre chemin et laissez passer le pauvre monde. Si aveuc des fanfaronnades, l'en pouvait me débouter de la vie, ignia plus de quinze jours que ça serait fait. Jarni, n'approchez point du vieil homme ; tenez-vous à distance, morguienne, ou j'vas éprouver ce qu'ignia de plus dur de votre caboche ou de mon bâton. Je veux être franc aveu vous.

OSWALD

Arrière, fumier!

EDGAR, *allongeant son bâton*

J'vas vous rompre les dents, monsieu. Avancez, je me soucie bien de vos parades! *(Ils se battent. Edgar abat Oswald d'un coup de bâton.)*

OSWALD

Misérable! tu m'as tué!... Manant, prends ma bourse : si jamais tu veux prospérer, ensevelis mon corps et remets la lettre que tu trouveras sur moi à Edmond de Gloucester; cherche-le dans l'armée britannique... Ô mort prématurée! *(Il expire.)*

EDGAR

Je te reconnais bien, officieux scélérat, aussi complaisant pour les vices de ta maîtresse que pouvait le souhaiter sa perversité.

GLOUCESTER

Quoi! il est mort.

EDGAR

Asseyez-vous, père, et reposez-vous. *(Fouillant le cadavre.)* Voyons ses poches : cette lettre dont il parle pourrait bien m'être amie... Il est mort; je suis fâché seulement qu'il n'ait pas eu un autre exécuteur. *(Il trouve la lettre, puis la décachette.)* Voyons! Permets, douce cire, et vous, scrupules, ne me blâmez pas. Pour savoir la pensée de nos ennemis, nous ouvririons leurs cœurs; ouvrir leurs papiers est plus légitime. *(Il lit.)*

« Rappelez-vous nos vœux réciproques. Vous avez maintes occasions de l'expédier. Si la volonté ne vous manque pas, le temps et le lieu s'offriront avantageusement à vous. Il n'y a rien de fait, s'il revient vainqueur. Alors je suis sa prisonnière, et son lit est ma geôle! Délivrez-moi de son odieuse tiédeur, et, pour votre peine, prenez sa place.

« Votre affectionnée servante qui voudrait se dire votre femme.

« GONERIL. »

Ô abîme insondé des désirs d'une femme! Un complot contre la vie de son vertueux mari, pour lui substituer mon frère!... C'est ici, dans le sable, que je vais t'enfouir, messager sacrilège des luxures meurtrières. Et, le moment venu, je veux que ce papier impie frappe les regards du duc dont on conspire la perte. Il est heureux pour lui que je puisse l'informer à la fois de ta mort et de ta mission. *(Edgar s'éloigne, traînant le cadavre.)*

Gloucester

Le roi est fou. Combien ma vile raison est tenace, puisque je persiste à garder l'ingénieux sentiment de mes immenses souffrances! Mieux vaudrait pour moi la démence : mes pensées alors seraient distraites de mes chagrins et mes malheurs dans les errements de l'imagination perdraient la conscience d'eux-mêmes. *(Edgar revient.)*

Edgar

Donnez-moi votre main. Il me semble entendre au loin battre le tambour. Venez, père, je vais vous confier à un ami. *(Ils sortent.)*

SCÈNE VII

Une tente dans le camp français.

Au fond de la scène, Lear *est sur un lit, endormi;* un médecin, un gentilhomme *et des serviteurs sont auprès de lui. Musique. Entrent* Cordélia *et* Kent.

Cordélia

Ô mon Kent, comment pourrais-je vivre et faire assez pour être à la hauteur de ton dévouement? Ma vie sera trop courte, et toute ma gratitude impuissante.

Kent

Un service ainsi reconnu, madame, est déjà trop payé. Tous mes récits sont conformes à la modeste vérité : je n'ai rien ajouté, rien retranché, j'ai tout dit.

Cordélia

Prends un costume plus digne de toi. Ces vêtements rappellent des heures trop tristes : je t'en prie, quitte-les.

Kent

Pardonnez-moi, chère madame. Révéler déjà qui je suis, ce serait gêner mon projet. Faites-moi la grâce de ne pas me connaître, avant le moment fixé par les circonstances et par moi.

Cordélia

Soit, mon bon seigneur! *(Au médecin.)* Comment va le roi?

Le Médecin

Madame, il dort toujours.

CORDÉLIA

Ô dieux propices ! réparez la vaste brèche faite à sa nature accablée ! Oh ! remettez en ordre les idées faussées et discordantes de ce père redevenu enfant !

LE MÉDECIN

Plaît-il à Votre Majesté que nous éveillions le roi ? Il a dormi longtemps.

CORDÉLIA

N'obéissez qu'à votre art, et procédez selon les prescriptions de votre propre volonté. Est-il habillé ?

UN GENTILHOMME

Oui, madame ; grâce à la pesanteur de son sommeil, nous avons pu lui mettre de nouveaux vêtements.

LE MÉDECIN

Soyez près de lui, bonne madame, quand nous l'éveillerons ; je ne doute pas qu'il ne soit calme.

CORDÉLIA

Fort bien.

LE MÉDECIN

Je vous en prie, approchez. *(Cordélia s'approche du lit.)* Plus haut, la musique !

CORDÉLIA, *penchée sur son père*

Ô mon père chéri !... Puisse la guérison suspendre son baume à mes lèvres, et ce baiser réparer les lésions violentes que mes deux sœurs ont faites à ta Majesté !

KENT

Bonne et chère princesse !

CORDÉLIA

Quand vous n'auriez pas été leur père, ces boucles blanches auraient dû provoquer leur pitié. Cette tête était-elle faite pour être exposée aux vents ameutés, pour lutter contre le tonnerre redoutable et profond en dépit du terrible feu croisé des rapides éclairs, pour veiller, pauvre sentinelle perdue, sous ce mince cimier ? *(Elle montre les cheveux blancs de son père.)* Le chien de mon ennemie, quand il m'aurait mordue, serait cette nuit-là resté au coin de mon feu ! Et tu as été forcé, pauvre père, de te loger avec les pourceaux et les misérables sans asile sur un fumier infect ! Hélas ! hélas !...

C'est merveille que la vie et la raison ne t'aient pas été enlevées du même coup!... Il s'éveille. *(Au médecin.)* Parlez-lui.

LE MÉDECIN

Parlez-lui vous-même, madame : cela vaut mieux.

CORDÉLIA

Comment va mon royal seigneur? Comment se trouve Votre Majesté?

LEAR, *s'éveillant*

Vous avez tort de me retirer ainsi de la tombe... *(À Cordélia.)* Tu es une âme bienheureuse; mais moi je suis lié sur une roue de feu, en sorte que mes propres larmes me brûlent comme du plomb fondu.

CORDÉLIA

Sire, me reconnaissez-vous?

LEAR

Vous êtes un esprit, je le sais : quand êtes-vous morte?

CORDÉLIA, *au médecin*

Toujours, toujours égaré!

LE MÉDECIN

Il est à peine éveillé; laissons-le seul un moment. *(Ils s'écartent du lit.)*

LEAR

Où ai-je été? où suis-je? Le beau jour!... Je suis étrangement abusé... Moi, je mourrais de pitié à voir un autre ainsi... Je ne sais que dire... Je ne jurerais pas que ce soient là mes mains... Voyons! Je sens cette épingle me piquer. Que je voudrais être sûr de mon état!

CORDÉLIA

Oh! regardez-moi, sire, et étendez vos mains sur moi pour me bénir... *(Lear veut se mettre à genoux devant elle. Elle le retient.)* Non, sire, ce n'est pas à vous de vous agenouiller.

LEAR

De grâce! ne vous moquez pas de moi! Je suis un pauvre vieux radoteur de quatre-vingts ans et au-delà... pas une heure de plus ni de moins. Et, à parler franchement, je crains de n'être pas dans ma parfaite raison... Il me semble que je dois vous connaître, et connaître cet homme. Pourtant, je suis dans le doute; car j'ignore absolument quel est ce lieu ; et tous mes efforts de mémoire ne peuvent me rappeler ce costume ; je ne sais même pas où j'ai logé la nuit dernière... Ne riez pas de moi ; car, aussi vrai que je suis homme, je crois que cette dame est mon enfant Cordélia.

CORDÉLIA

Oui, je la suis, je la suis.

LEAR

Vos larmes mouillent-elles ? Oui, ma foi ! Je vous en prie, ne pleurez pas. Si vous avez du poison pour moi, je le boirai. Je sais que vous ne m'aimez pas ; car vos sœurs, autant que je me rappelle, m'ont fait bien du mal. Vous, vous avez quelque motif ; elles, n'en avaient pas.

CORDÉLIA

Nul motif ! nul motif !

LEAR

Est-ce que je suis en France ?

KENT

Dans votre propre royaume, sire.

LEAR

Ne m'abusez pas.

LE MÉDECIN

Rassurez-vous, bonne madame : la crise de frénésie, vous le voyez, est guérie chez lui ; mais il y aurait encore danger à ramener sa pensée sur le temps qu'il a perdu. Engagez-le à rentrer ; ne le troublez plus jusqu'à ce que le calme soit affermi.

CORDÉLIA

Plairait-il à Votre Altesse de marcher ?

LEAR

Il faut que vous ayez de l'indulgence pour moi. Je vous en prie, oubliez et pardonnez : je suis vieux et imbécile. *(Lear, soutenu par Cordélia, le médecin et les serviteurs sortent.)*

LE GENTILHOMME

Est-il bien vrai, monsieur, que le duc de Cornouailles ait été tué ainsi ?

KENT

C'est très certain, monsieur.

LE GENTILHOMME

Et qui commande ses gens ?

KENT

C'est, dit-on, le fils bâtard de Gloucester.

LE GENTILHOMME

On dit qu'Edgar, son fils banni, est avec le comte de Kent en Germanie.

KENT

Les rapports varient. Il est temps de se mettre en garde : les armées du royaume approchent en hâte.

LE GENTILHOMME

La contestation semble devoir être sanglante. Adieu, monsieur ! *(Il sort.)*

KENT

Mon plan et mes efforts vont avoir leur résultat, bon ou mauvais, selon le succès de cette bataille. *(Il sort.)*

ACTE V

SCÈNE PREMIÈRE

Le camp des troupes britanniques, à Douvres.

Entrent, tambour battant, couleurs déployées, EDMOND *et* RÉGANE, *suivis d'officiers et de soldats.*

EDMOND, *à un officier*

Sachez du duc si son dernier projet tient toujours, ou s'il s'est décidé à changer d'idée. Il est plein d'hésitation et de contradictions. Rapportez-nous ses volontés définitives. *(L'officier sort.)*

RÉGANE

Il est certainement arrivé malheur à l'homme de notre sœur.

EDMOND

C'est à craindre, madame.

RÉGANE

Maintenant, doux seigneur, vous savez tout le bien que je vous veux. Mais, dites-moi ! vraiment, avouez la vérité, n'aimez-vous pas ma sœur ?

EDMOND

D'un respectueux amour.

RÉGANE

Mais n'avez-vous jamais pris la place de mon frère à l'endroit prohibé ?

EDMOND

Cette pensée vous abuse.

RÉGANE

Je soupçonne que vous vous êtes uni et accolé à elle aussi étroitement que possible.

EDMOND

Non, sur mon honneur ! madame.

RÉGANE

Jamais je ne pourrai la souffrir. Mon cher seigneur, ne soyez pas familier avec elle.

EDMOND

Ne craignez rien. Elle et le duc son mari...

Entrent Albany, Goneril et des soldats.

GONERIL, *à part*

J'aimerais mieux perdre la bataille que voir cette sœur le détacher de moi.

ALBANY, *à Régane*

Charmé de rencontrer notre bien-aimée sœur. *(À Edmond.)* Messire, voici ce que j'apprends : le roi a rejoint sa fille avec d'autres que les rigueurs de notre gouvernement ont forcés à la révolte. Je n'ai jamais été vaillant, lorsque je n'ai pu l'être honnêtement. En cette affaire, si nous nous émouvons, c'est parce que la France envahit notre pays, mais non parce qu'elle soutient le roi, et tant d'autres qui, je le crains, ont, pour nous combattre, de trop justes et trop douloureux griefs.

EDMOND, *d'un ton ironique*

Messire, vous parlez noblement !

RÉGANE

Et à quoi bon raisonner ainsi ?

GONERIL

Combinons toutes nos forces contre l'ennemi ; ces querelles domestiques et personnelles ne sont pas la question ici.

ALBANY

Déterminons avec les vétérans notre plan de bataille.

EDMOND

Je vais vous retrouver immédiatement à votre tente.

RÉGANE

Sœur, venez-vous avec nous ?

GONERIL

Non.

RÉGANE

C'est le plus convenable ; de grâce ! venez avec nous.

GONERIL, *à part*

Oh! oh! je devine l'énigme. *(Haut.)* J'y vais. *(Au moment où tous vont se retirer, Edgar, déguisé, entre et prend à part le duc d'Albany.)*

EDGAR

Si jamais Votre Grâce daigne parler à un si pauvre homme, qu'elle écoute un mot!

ALBANY, *à ceux qui s'éloignent*

Je vous rejoins. *(À Edgar.)* Parle. *(Sortent Edmond, Régane, Goneril, les officiers, les soldats et les gens de la suite.)*

EDGAR, *remettant un papier au duc*

Avant de livrer la bataille, ouvrez cette lettre. Si vous êtes victorieux, que la trompette sonne pour celui qui vous l'a remise! si misérable que je semble, je puis produire un champion qui attestera ce qui est affirmé ici. Si vous échouez, tout en ce monde est fini pour vous, et les machinations cessent d'elles-mêmes. Que la fortune vous aime!

ALBANY

Attends que j'aie lu la lettre.

EDGAR

Défense m'en est faite. Quand il en sera temps, que le héraut donne seulement le signal, et je reparaîtrai. *(Il sort.)*

ALBANY

Soit! adieu!... Je veux parcourir ce papier.

Rentre Edmond.

EDMOND

Mettez vos troupes en ligne : l'ennemi est en vue. Voici l'évaluation de ses forces effectives faite sur d'actives reconnaissances; mais toute votre célérité est maintenant réclamée de vous.

ALBANY

Nous ferons honneur aux circonstances. *(Il sort.)*

EDMOND, *seul*

J'ai juré amour aux deux sœurs : chacune fait horreur à l'autre, comme la vipère à l'être mordu. Laquelle prendrai-je? Toutes deux? l'une des deux? ni l'une ni l'autre? Je ne pourrai posséder ni l'une ni l'autre, si toutes deux restent vivantes. Prendre la veuve, c'est exaspérer, c'est rendre folle sa sœur Goneril; et je ne pourrai guère mener à fin mon plan, tant que vivra le mari de celle-ci. En tout cas, servons-nous de son concours pour la bataille : cela fait, si elle désire tant se débarrasser de lui, qu'elle trouve moyen de le dépêcher ! Quant à la clémence qu'il prétend montrer pour Lear et pour Cordélia, le combat une fois fini et leurs personnes en notre pouvoir, elle ne se manifestera jamais, car mon état, c'est de me défendre et non de parlementer. *(Il sort.)*

SCÈNE II

Les abords du champ de bataille.

Alarme. Passent, tambour battant, couleurs déployées, LEAR, CORDÉLIA, *entourés de troupes. Dès que l'armée s'est éloignée, entrent* EDGAR *et* GLOUCESTER.

EDGAR

Ici, père ! Acceptez à l'ombre de cet arbre une hospitalité tutélaire. Priez pour que le droit triomphe. Si jamais je reviens près de vous, ce sera pour vous rapporter la consolation. *(Il sort.)*

GLOUCESTER

Que la grâce soit avec vous, monsieur !

Alarme, puis retraite au loin.
Rentre Edgar.

EDGAR

Fuyons, vieillard, donne-moi ta main, fuyons. Le roi Lear est battu ; lui et sa fille sont prisonniers. Donne-moi ta main. En marche !

GLOUCESTER

Non ! pas plus loin, monsieur ! Un homme peut pourrir aussi bien ici.

EDGAR

Quoi ! encore de sinistres pensées ! L'homme doit être passif, pour partir d'ici comme pour y venir. Le tout est d'être prêt. En marche !

GLOUCESTER

Oui, c'est vrai. *(Ils sortent.)*

SCÈNE III

Le camp britannique, près de Douvres.

Entre, tambour battant, couleurs déployées, EDMOND, *triomphant; derrière lui viennent* LEAR *et* CORDÉLIA, *prisonniers, puis des officiers et des soldats.*

EDMOND

Que quelques officiers les emmènent, et qu'on les tienne sous bonne garde jusqu'à ce que soit connue la volonté suprême de ceux qui doivent les juger!

CORDÉLIA, *à Lear*

Nous ne sommes pas les premiers qui, avec la meilleure intention, aient encouru malheur. C'est pour toi, roi opprimé, que je m'afflige; seule, j'affronterais aisément les affronts de la fortune perfide. Est-ce que nous ne verrons pas ces filles et ces sœurs?

LEAR

Non, non, non, non. Viens, allons en prison : tous deux ensemble nous chanterons comme des oiseaux en cage. Quand tu me demanderas ma bénédiction, je me mettrai à genoux et je te demanderai pardon. Ainsi nous passerons la vie à prier, et à chanter, et à conter de vieux contes, et à rire aux papillons dorés, et à entendre de pauvres hères causer des nouvelles de la cour; et causant avec eux nous-mêmes, nous dirons qui perd et qui gagne, qui monte et qui tombe, et nous expliquerons les mystères des choses, comme si nous étions les confidents des dieux. Et nous épuiserons, dans les murs d'une prison, les séries et les groupes des grands qu'apportent et remportent les changements de lune.

EDMOND

Qu'on les emmène!

LEAR

Sur de tels sacrifices, ma Cordélia, les dieux eux-mêmes jettent l'encens. T'ai-je donc retrouvée? Celui qui nous séparera devra apporter un brandon du ciel et nous chasser par le feu, comme des renards de leur terrier. Essuie tes yeux. La lèpre les dévorera jusqu'aux os, avant qu'ils nous fassent pleurer! Oui, nous les verrons plutôt mourir de faim. Viens. *(Lear et Cordélia sortent, escortés par des gardes.)*

EDMOND, *à un officier*

Ici, capitaine!... Écoute! prends ce billet. *(Il lui remet un billet.)* Va les rejoindre à la prison... Je t'ai avancé d'un grade; si tu fais ce qui t'est commandé ici, tu t'ouvres le chemin d'une noble destinée. Sache bien ceci : les hommes sont ce qu'est leur temps; un cœur tendre ne sied pas à une épée. Ce grave mandat ne comporte pas de discussion : ou dis que tu vas l'exécuter, ou cherche fortune par d'autres moyens.

L'OFFICIER

Je vais l'exécuter, monseigneur.

EDMOND

À l'œuvre! et estime-toi heureux, quand tu auras agi. Écoute bien. Je dis : tout de suite! et expédie la chose comme je l'ai ordonné.

L'OFFICIER

Je ne saurais traîner une charrette ni manger de l'avoine sèche; mais si c'est la besogne d'un homme, je la ferai. *(Il sort.)*

Fanfares. Entrent Albany, Goneril, Régane, suivis de plusieurs officiers et d'une escorte.

ALBANY, *à Edmond*

Monsieur, vous avez aujourd'hui montré votre vaillante ardeur, et la fortune vous a bien guidé. Vous tenez captifs ceux qui ont été nos adversaires dans cette journée : nous les réclamons de vous, pour prendre à leur égard la détermination que leurs mérites et notre salut pourront réclamer de notre équité.

EDMOND

Monsieur, j'ai jugé bon d'envoyer le vieux et misérable roi, sous bonne garde, en un lieu de détention. Son âge et surtout son titre ont un charme capable d'attirer à lui le cœur de la multitude, et de tourner nos lances mercenaires contre nous-mêmes qui les commandons. Avec lui j'ai envoyé la reine, pour les mêmes raisons. Et ils seront prêts, demain ou tout autre jour, à comparaître là où vous tiendrez votre tribunal. En ce moment, nous sommes en sueur et en sang; l'ami a perdu son ami; et les guerres les plus justes sont, dans le feu de l'action, maudites par ceux qui en subissent les rigueurs. Le sort de Cordélia et de son père veut être décidé en un lieu plus convenable.

ALBANY

Permettez, monsieur! Je vous tiens dans cette guerre pour un sujet, et non pour un frère.

RÉGANE

Cela dépend du titre que nous voudrons lui conférer. Vous auriez pu, ce me semble, consulter notre bon plaisir avant de parler si haut. Il a commandé nos forces, il a revêtu l'autorité de mon nom et de ma personne : pareil pouvoir peut bien lever la tête et vous traiter de frère.

GONERIL, *à Régane*

Pas tant de chaleur! Il tient sa grandeur de son propre mérite, bien plus que de votre protection.

RÉGANE

Grâce à mes droits, dont je l'ai investi, il va de pair avec les meilleurs.

GONERIL

C'est tout au plus ce que vous pourriez dire, s'il vous épousait.

RÉGANE

Raillerie est souvent prophétie.

GONERIL

Halte! halte! L'œil qui vous a montré cet avenir était tout à fait louche.

RÉGANE

Madame, je ne suis pas bien; autrement je vous renverrais la réplique d'un cœur qui déborde. *(À Edmond.)* Général, prends mes soldats, mes prisonniers, mon patrimoine; dispose d'eux, de moi-même; la place est à toi. Le monde m'est témoin que je te crée ici mon seigneur et maître.

GONERIL

Prétendez-vous le posséder?

ALBANY, *à Goneril*

À cela votre volonté ne peut rien.

EDMOND, À ALBANY

Ni la tienne, milord

ALBANY

Si fait, compagnon à demi né.

RÉGANE, *à Edmond*

Fais battre le tambour, et prouve que mes titres sont les tiens.

ALBANY

Patientez un moment, et entendez raison... Edmond, je t'arrête pour haute trahison, et, comme complice de ton crime, j'arrête ce serpent doré *(Il montre Goneril. À Régane.)* Quant à vos prétentions, charmante sœur, je les repousse dans l'intérêt de ma femme : car elle est liée par un contrat secret avec ce seigneur; et moi, son mari, je m'oppose à vos bans. Si vous voulez vous marier, faites-moi votre cour. Madame lui est fiancée.

GONERIL

Quelle parade!

ALBANY

Tu es armé, Gloucester... Que la trompette sonne! Si nul ne paraît pour te jeter à la face tes trahisons hideuses, manifestes, multipliées, voici mon gage. *(Il jette son gantelet.)* Je te prouverai par la gorge, avant de toucher un morceau de pain, que tu es tout ce que je viens de te déclarer!

RÉGANE, *chancelant*

Malade! oh! bien malade!

GONERIL, *à part*

Si tu ne l'étais pas, je cesserais à jamais de me fier au poison.

EDMOND

Voici mon gage en échange! *(Il jette son gantelet.)* S'il est au monde quelqu'un qui m'appelle traître, il en a menti comme un vilain. Que la trompette fasse l'appel! et contre quiconque ose approcher, contre toi, contre tous, je maintiendrai fermement ma loyauté et mon honneur.

ALBANY

Un héraut! holà!

EDMOND

Un héraut! holà! un héraut!

ALBANY

Compte sur ta seule vaillance : car tes soldats, tous levés en mon nom, en mon nom ont été congédiés.

RÉGANE

Le mal m'envahit.

Entre un héraut.

ALBANY, *montrant Régane à ses gardes*

Elle n'est pas bien; emmenez-la dans ma tente. *(Régane sort, soutenue par les gardes.)* Approche, héraut... Que la trompette sonne!... Et lis ceci à voix haute. *(Il remet un écrit au héraut.)*

UN OFFICIER

Sonne, trompette. *(La trompette sonne.)*

LE HÉRAUT, *lisant*

« S'il est dans les lices de l'armée un homme de qualité ou de rang qui veuille maintenir contre Edmond, prétendu comte de Gloucester, qu'il est plusieurs fois traître, qu'il paraisse au troisième son de la trompette! Edmond est déterminé à se défendre. »

EDMOND

Sonnez! *(Première fanfare.)*

LE HÉRAUT

Encore! *(Seconde fanfare.)* Encore! *(Troisième fanfare.)*

Une fanfare répond au fond du théâtre.
Entre Edgar, armé de toutes pièces et précédé par un trompette.

ALBANY, *montrant Edgar au héraut*

Demande-lui quels sont ses desseins et pourquoi il paraît ainsi à l'appel de la trompette.

LE HÉRAUT, *à Edgar*

Qui êtes-vous? Votre nom, votre qualité? Et pourquoi répondez-vous, à la première sommation?

EDGAR

Sache que mon nom est perdu : la dent de la trahison l'a rongé et gangrené; pourtant je suis noble, autant que l'adversaire avec qui je viens me mesurer.

ALBANY

Quel est cet adversaire?

EDGAR

Quel est celui qui parle pour Edmond, comte de Gloucester?

EDMOND

Lui-même. Qu'as-tu à lui dire?

EDGAR

Tire ton épée, afin que, si mes paroles offensent un noble cœur, ton bras puisse te faire réparation. *(Il tire son épée.)* Voici la mienne. Apprends que j'exerce ici le privilège de mon rang, de mon serment et de ma profession. J'atteste, malgré ta force, ta jeunesse, ton titre et ta grandeur, en dépit de ton épée victorieuse, de ta fortune incandescente, de ta valeur et de ton cœur, que tu es un traître, fourbe envers les dieux, envers ton frère, envers ton père, conspirant contre ce haut et puissant prince *(il montre Albany)*, un traître depuis l'extrême sommet de la tête jusqu'à la poussière tombée sous tes pieds, un traître à bave de crapaud. Si tu dis : *non,* cette épée, ce bras et mon plus ardent courage devront te prouver, par ta gorge à qui je m'adresse, que tu en as menti.

EDMOND

En bonne sagesse, je devrais te demander ton nom ; mais, puisque ton aspect est à ce point fier et martial, et puisque ton langage respire je ne sais quelle noblesse, arrière les objections d'une prudence méticuleuse ! Je pourrais m'en prévaloir, selon la règle de la chevalerie, mais je les dédaigne et les repousse. Je te rejette à la tête les trahisons que tu m'imputes ; mon démenti les refoule sur ton cœur, avec l'exécration de l'enfer ; elles éclatent au-dehors sans que tu en sois froissé ; mais mon épée va leur frayer immédiatement une voie dans le gouffre où elles doivent s'abîmer pour toujours... Trompettes, parlez ! *(Fanfares d'alarme. Ils se battent. Edmond tombe.)*

ALBANY

Oh ! épargnez-le ! épargnez-le !

GONERIL, *à Edmond*

C'est un vrai guet-apens, Gloucester. Par la loi des armes, tu n'étais pas tenu de répondre à un adversaire inconnu ; tu n'es pas vaincu, mais trompé et trahi.

ALBANY, *tirant la lettre que lui a remise Edgar*

Fermez la bouche, madame, ou je vais vous la clore avec ce papier... Tenez, monsieur. *(Il présente le papier à Edmond, puis à Goneril, qui essaie en vain de le lui arracher.)* Et toi, pire qu'aucun surnom, lis tes propres forfaits... Ne l'arrachez pas, madame !... Je vois que vous le connaissez.

GONERIL

Et quand je le connaîtrais ! Les lois sont à moi, non à toi. Qui pourrait me juger ? *(Elle s'éloigne.)*

ALBANY

Monstrueuse ! *(À Edmond.)* Connais-tu ce papier ?

EDMOND

Ne me demandez pas ce que je connais.

ALBANY, *montrant à un officier Goneril, qui sort*

Suivez-la. Elle est désespérée. Contenez-la. *(L'officier sort.)*

EDMOND

J'ai fait ce dont vous m'avez accusé, et plus, bien plus encore. Le temps révélera tout. Tout cela est passé, et moi aussi. Mais qui es-tu, toi qui as sur moi un tel avantage ? Si tu es noble, je te pardonne.

EDGAR

Faisons échange de charité. Je ne suis pas de moins grande race que toi, Edmond ; et, si je suis de plus grande, plus grands sont tes torts envers moi. Mon nom est Edgar, et je suis le fils de ton père. Les dieux sont justes : de nos vices favoris ils font des instruments pour nous châtier : la ténébreuse impureté dans laquelle il t'a engendré lui a coûté la vue.

EDMOND

Tu as dit vrai : la roue a achevé sa révolution, et me voici.

ALBANY, *à Edgar*

Ta seule allure me semblait prophétiser une noblesse royale... Que je t'embrasse ! Et puisse l'affliction me briser le cœur, si jamais j'eus de la haine contre toi ou contre ton père !

EDGAR

Digne prince, je le sais.

ALBANY

Où vous êtes-vous caché ? Comment avez-vous connu les misères de votre père ?

EDGAR

En veillant sur elles, milord. Écoutez un court récit ; et, quand il sera terminé, oh ! puisse mon cœur se fendre ! Pour échapper à la proclamation sanglante qui me poursuivait de si près (ô charme de la vie, qui nous fait préférer les angoisses d'une mort de tous les instants à la mort immédiate !) j'imaginai de m'affubler des haillons d'un forcené ; j'assumai des dehors répulsifs aux chiens mêmes ; et c'est sous ce déguisement que je rencontrai mon père avec ses anneaux saignants qui venaient de perdre leurs pierres précieuses.

Je devins son guide, je le dirigeai, je mendiai pour lui, je le sauvai du désespoir... Jamais (oh! quelle faute!) je ne m'étais révélé à lui, quand, il y a une demi-heure, tout armé déjà, n'ayant pas la certitude, quoique ayant l'espoir de ce bon succès, je lui ai demandé sa bénédiction, et de point en point lui ai conté mon pèlerinage. Mais son cœur délabré était trop faible, hélas! pour supporter un tel choc : pressé entre deux émotions extrêmes, la joie et la douleur, il s'est brisé dans un sourire.

EDMOND

Vos paroles m'ont remué, et peut-être auront-elles un bon effet. Mais poursuivez, vous semblez avoir quelque chose de plus à dire.

ALBANY

S'il s'agit encore de choses tristes, gardez-les pour vous; car je me sens prêt à défaillir pour en avoir tant appris.

EDGAR

Le malheur semble avoir atteint son période à ceux qui redoutent la souffrance; mais un surcroît d'affliction doit amplifier une douleur déjà comble et en outrer les angoisses. Tandis que j'éclatais en lamentations, survient un homme qui, m'ayant vu dans l'état le plus abject, avait fui jusque-là ma société abhorrée; mais alors, reconnaissant l'infortuné qui avait tant souffert, il enlace mon cou dans l'étreinte de ses bras, pousse des hurlements à effondrer le ciel, se jette sur le corps de mon père, et me fait sur Lear et sur lui-même le plus lamentable récit que jamais oreille ait recueilli. Tandis qu'il racontait, le désespoir le gagnait, et les fils de sa vie commençaient à craquer... C'est alors que la trompette a sonné deux fois, et je l'ai laissé là évanoui.

ALBANY

Mais qui était cet homme?

EDGAR

Kent, seigneur! Kent, le banni, qui, sous un déguisement, avait suivi le roi, son persécuteur, et lui avait rendu des services que ne rendrait pas un esclave.

Entre précipitamment un gentilhomme, tenant à la main un couteau sanglant.

LE GENTILHOMME

Au secours! au secours! au secours!

EDGAR

De quel secours est-il besoin?

ALBANY

Parle, l'homme !

EDGAR

Que signifie ce couteau sanglant ?

LE GENTILHOMME

Il est chaud encore, il fume, il sort du cœur même de... Oh ! elle est morte !

ALBANY

Qui morte ? Parle, l'homme !

LE GENTILHOMME

Votre femme, seigneur, votre femme ; et sa sœur a été empoisonnée par elle ; elle l'a confessé.

EDMOND

J'étais fiancé à l'une et à l'autre, et tous trois nous nous marions au même instant.

EDGAR

Voici Kent qui vient.

ALBANY

Mortes ou vives, qu'on apporte leurs corps ! Cet arrêt du ciel nous fait trembler, mais n'émeut pas notre pitié. *(Sort le gentilhomme.)*

Entre Kent.

Oh ! est-ce bien lui ? Les circonstances ne permettent pas les compliments que réclame la simple courtoisie.

KENT

Je suis venu pour souhaiter à mon roi, à mon maître, l'éternel bonsoir : n'est-il point ici ?

ALBANY

Quel oubli ! Parle, Edmond : où est le roi ? où est Cordélia ? Kent, vois-tu ce spectacle ? *(On apporte les corps de Régane et de Goneril.)*

KENT

Hélas ! pourquoi ceci ?

EDMOND

Edmond était aimé pourtant ! L'une a empoisonné l'autre par passion pour moi et s'est tuée ensuite.

ALBANY

C'est vrai... Couvrez leurs visages !

EDMOND

Ma vie est haletante... Je veux faire un peu de bien, en dépit de ma propre nature... Envoyez vite... sans plus tarder... au château, car mes ordres mettent en danger la vie de Lear et de Cordélia... Ah ! envoyez à temps.

ALBANY

Courez, courez ! Oh ! courez !

EDGAR

Vers qui, milord ? *(À Edmond.)* Qui est chargé de cet office ?... Envoie ton gage de contrordre.

EDMOND

Bonne idée ! Prends mon épée ; remets-la au capitaine.

ALBANY

Hâte-toi, comme s'il y allait de ta vie. *(Edgar sort.)*

EDMOND, *à Albany*

Il a reçu de ta femme et de moi le mandat de pendre Cordélia dans sa prison et d'accuser son propre désespoir d'un prétendu suicide.

ALBANY

Que les dieux la protègent ! *(Montrant Edmond à ses gardes.)* Emportez-le à distance. *(On emporte Edmond.)*

Entre Lear, tenant Cordélia morte dans ses bras. Edgar, un officier et d'autres le suivent.

LEAR

Hurlez, hurlez, hurlez, hurlez !... Oh ! vous êtes des hommes de pierre ; si j'avais vos voix et vos yeux, je m'en servirais à faire craquer la voûte des cieux... Oh ! elle est partie pour toujours !... Je sais quand on est mort et quand on est vivant : elle est morte comme l'argile... Prêtez-moi un miroir ; si son haleine en obscurcit ou en ternit la glace, eh bien ! c'est qu'elle vit.

KENT

Est-ce là la fin promise au monde?

EDGAR

Ou bien l'image de son horreur?

ALBANY

Qu'il s'abîme donc et disparaisse!

LEAR

Cette plume remue! Elle vit! S'il en est ainsi, voilà une chance qui rachète toutes les souffrances que j'ai supportées jusqu'ici.

KENT, *se jetant aux genoux du roi*

Ô mon bon maître!

LEAR

Arrière, je te prie!

EDGAR

C'est le noble Kent, votre ami.

LEAR

Peste soit de vous tous, meurtriers et traîtres! J'aurais pu la sauver : maintenant elle est partie pour toujours!... Cordélia! Cordélia! attends un peu. Ha! qu'est-ce que tu dis? Sa voix était toujours douce, calme et basse; chose excellente dans une femme... J'ai tué le misérable qui t'étranglait.

L'OFFICIER

C'est vrai, messeigneurs, il l'a tué.

LEAR

N'est-ce pas, camarade? J'ai vu le temps où, avec ma bonne rapière mordante, je les aurais fait tous sauter. Je suis vieux maintenant, et tous ces tracas me ruinent... *(À Kent.)* Qui êtes-vous? Mes yeux ne sont pas des meilleurs... Je vais vous le dire tout à l'heure.

KENT

S'il est deux hommes que la fortune peut se vanter d'avoir aimés et haïs, l'un et l'autre se regardent.

LEAR

C'est un triste spectacle... N'êtes-vous pas Kent?

KENT

Lui-même, Kent, votre serviteur. Où est votre serviteur Caïus?

LEAR

C'est un bon garçon, je puis vous le dire : il sait frapper, et vivement encore ! Il est mort et pourri.

KENT

Non, mon bon seigneur : cet homme, c'est moi.

LEAR

Je vais voir ça tout de suite.

KENT

C'est moi qui, dès le commencement de vos revers et de vos malheurs, ai suivi vos pénibles pas.

LEAR

Vous êtes le bienvenu ici.

KENT

Non, ni moi, ni personne. Tout est désolé, sombre et funèbre... Vos filles aînées ont devancé leur arrêt, et sont mortes en désespérées.

LEAR

Oui, je le crois.

ALBANY

Il ne sait pas ce qu'il voit, et c'est en vain que nous nous présentons à ses regards.

EDGAR

Oh ! bien inutilement.

Entre un officier.

L'OFFICIER

Edmond est mort, monseigneur.

ALBANY

Peu importe ici... Seigneurs, nobles amis, apprenez nos intentions. *(Montrant Lear.)* Toutes les consolations qui peuvent venir en aide à cette grande infortune lui seront prodiguées. Pour nous, nous voulons, sa vie durant, remettre à l'auguste vieillard notre pouvoir absolu. *(À Edgar et à Kent.)* Vous, vous recouvrerez tous vos droits, avec le surcroît de dignités que votre honorable conduite a plus que mérité... À tous les amis sera offerte la récompense de leur vertu ; à tous les ennemis, la coupe de l'expiation... Oh ! voyez, voyez !

LEAR

Ainsi, ma pauvre folle est étranglée!... Non, non, plus de vie!... Pourquoi un chien, un cheval, un rat, ont-ils la vie, quand tu n'as même plus le souffle? Oh! tu ne reviendras plus! jamais, jamais, jamais, jamais, jamais!... Défaites-moi ce bouton, je vous prie. Merci, monsieur! Voyez-vous ceci? Regardez, là, regardez... Ses lèvres! Regardez, là! Regardez, là! *(Il expire.)*

EDGAR

Il s'évanouit... Monseigneur, monseigneur!

KENT

Cœur, brise-toi! brise-toi, je te prie.

EDGAR, *penché sur le roi*

Ouvrez les yeux, monseigneur.

KENT

Ne troublez pas son âme... Oh! laissez-le partir! C'est le haïr que vouloir sur la roue de cette rude vie l'étendre plus longtemps.

EDGAR

Oh! il est parti, en effet.

KENT

L'étonnant, c'est qu'il ait souffert si longtemps : il usurpait sa vie.

ALBANY, *montrant les quatre cadavres*

Emportez-les d'ici... Notre soin présent est un deuil général. *(À Edgar et à Kent.)* Amis de mon cœur, tous deux gouvernez ce royaume et soutenez l'État délabré.

KENT

Monsieur, j'ai à partir bientôt pour un voyage; mon maître m'appelle, et je ne dois pas lui dire non.

ALBANY

Il nous faut subir le fardeau de cette triste époque; dire ce que nous sentons, non ce que nous devrions dire. Les plus vieux ont le plus souffert. Nous qui sommes jeunes, nous ne verrons jamais tant de choses, nous ne vivrons jamais si longtemps. *(Ils sortent au son d'une marche funèbre.)*

Librio
Le livre à 10 F
351

Composition Euronumérique
Achevé d'imprimer en Europe
à Pössneck (Thuringe, Allemagne)
en février 2000 pour le compte de E.J.L.
84, rue de Grenelle 75007 Paris
Dépôt légal février 2000

Diffusion France et étranger : Flammarion